Ave Maria

Ave Maria

Neue Maiandachten aus Frauenklöstern

benno

Bibliografische Information der Deutschen Bibliothek
Die Deutsche Bibliothek verzeichnet diese Publikation
in der Deutschen Nationalbibliografie;
detaillierte bibliografische Daten sind im Internet über
http://dnb.ddb.de abrufbar.

Besuchen Sie uns im Internet unter:
www.st-benno.de

ISBN 978-3-7462-2662-0

Stammerstr. 11, 04159 Leipzig
Umschlaggestaltung: Ulrike Vetter, Leipzig, unter Verwendung
eines Fotos von © picture alliance / unites archives
Gesamtherstellung: Kontext, Lemsel (A)

Inhaltsverzeichnis

Maria, die Knotenlöserin

Dominikanerinnenkloster St. Ursula, Augsburg

Einführung:

Der Marienmonat Mai stellt uns die Gottesmutter in immer wieder anderen Farben vor, die ihr Wesen und ihre Aufgabe beleuchten. Wie der Regenbogen als das Zeichen des Bundes Gottes mit den Menschen ist auch Maria vielfarbig, vielfältig und sagt Angehörigen derjenigen Religionen etwas, die in Abraham und Sara ihre Stammelten sehen: den Glaubenden im Christentum, im Judentum und im Islam.

Wenn wir heute Maria in einer ganz besonderen „Farbgestalt" betrachten und ihr als der Knotenlöserin begegnen, die in ausweglosen Situationen den richtigen Rat weiß und einen guten Weg zeigt, teilen wir mit vielen Menschen die gleiche Sehnsucht: Wir ersehnen, dass unser Leben und auch das der Frauen, Männer und Kinder, die uns nahestehen, gelingt.

Wir spüren, dass wir Hilfe, Halt und Anleitung brauchen, wenn wir mit belastenden Situationen konfrontiert werden. Maria ist uns hierbei Stütze und tröstendes Vorbild. Sie behält die Fäden in der Hand, auch wenn sich diese verwirren, und wirft sie nicht

weg. Sie weicht den Verknotungen des Lebens nicht aus, auch wenn sie darin der äußerste Schrecken bedrängt. Sie findet das wegweisende Wort, wenn Neues und Unbekanntes gewagt werden muss.
Vertrauen wir uns ihr an und feiern wir mit ihr und unter ihrem liebevollen Blick diesen Gottesdienst.

Kurze Stille

Gebet aller Feiernden:
Maria, Schwester im Glauben, Knotenlöserin du.
Dein heiliges, unwiderruflich gelungenes Leben spricht mich an.

Du kennst sie, die leidvollen Situationen,
wenn Ablehnung und Enttäuschung lähmen,
wenn gesteckte Ziele in weite Ferne rücken,
wenn Zuhören unmöglich wird,
wenn Unverständnis verletzt,
wenn Machtansprüche in unvermutete Fallen treiben,
wenn Zweifel übermächtig werden,
wenn Schuld belastet, Versagen lähmt,
wenn sich alles verkrampft und zuschnürt,
wenn nichts mehr gelingt,
wenn keine Lebensenergie mehr strömt.

Maria vom Knoten, dann mach' mir Mut, weck' Hoffnung und zeige mir Wege, heilende, erlösende, gute Wege, Verworrenes zu entwirren, Verschlungenes zu glätten, Verknotetes zu lösen, Verletzungen zu heilen, mit viel Geduld und Ausdauer, mit Mut und Offenheit, mit Fingerspitzengefühl, mit Wohlwollen und Tatkraft, mit Treue und Kreativität und mit großem Vertrauen, dass alles gut wird.
Maria, eine von uns, steh zu uns!
(*Benedikta Hintersberger* OP)

Evangelium: Joh 2,1-5
Am dritten Tag fand in Kana in Galiläa eine Hochzeit statt, und die Mutter Jesu war dabei. Auch Jesus und seine Jünger waren zur Hochzeit eingeladen. Als der Wein ausging, sagte die Mutter Jesu zu ihm: Sie haben keinen Wein mehr. Jesus erwiderte ihr: Was willst du von mir, Frau? Meine Stunde ist noch nicht gekommen. Seine Mutter sagte zu den Dienern: Was er euch sagt, das tut!

Meditation:
Bei diesem Fest, das wahrscheinlich so unbeschwert und fröhlich begonnen hat, wie es sich für ein Fest gehört, verknotet sich die Festtagslaune recht bald und

in bedrohlicher Weise: Der Wein geht aus. Eine Blamage für den Gastgeber, eine unverzeihliche Schande. Das Brautpaar wird bitterem Spott und jahrelangem Klatsch kaum entgehen können: „Weißt du noch, wie ihnen damals der Wein ausging?“, so wird es immer wieder heißen. Was tun? Etwas borgen? Dann wird alles nur noch schlimmer. Das Fest beenden, die Gäste zum Gehen bewegen, sie aus dem Haus komplimentieren? Undenkbar. Der Knoten zieht sich mit jeder Minute, die vergeht, immer fester zusammen. Der erste Anlauf, den Maria, der das Dilemma nicht entgangen ist, nimmt, um die Katastrophe aufzuhalten, schlägt fehl: Jesus, auf den sie ihre Hoffnung setzt, weist ihre Bitte um Hilfe ab. Ihr kluger und liebevoller Sohn, der immer einen Ausweg weiß, weist sie ab. Er ist noch nicht an der Reihe. Seine Stunde ist noch nicht gekommen. Maria bleibt mit ihrer Sorge allein. Aus eigner Kraft kann sie das Ruder nicht herumreißen. Aufgeben ist allerdings auch nicht ihre Sache. Sie hat mit diesem Menschen von seinen ersten Tagen an gerungen und wird es auch jetzt tun. Sie vertraut, dass es eine Lösung geben wird, und tut deshalb, was sie immer getan hat. Sie nimmt das Problem mutig und geschickt in ihre Hände, wirft ihre Sorgen auf Gott und hofft auf ihn. Er wird das erlösende Wort und die befreiende Tat wissen und tun. Wie Recht sie hat: Das Wasser wird Wein und die Hochzeit zu Kana ein Abbild des himmlischen Hochzeitsmahles. Gott offenbart sich in einem Zeichen, das nicht nur die verhedderte Lage löst, sondern auch die Verknotungen des Herzens. Braut und Bräutigam feiern in Freude und Unbeschwertheit ihr Fest der Liebe, das unerwartet tief zum Fundament ihres Lebens in der Gegenwart Gottes geworden ist.

Fürbitten:
Maria ist unsere Fürsprecherin, wenn wir Gott um die Lösung der Knoten bitten, die unser Leben beschweren:
– Beten wir für alle Menschen, die sich in Beziehungen verfangen haben, denen eine Liebe gescheitert oder deren Familie zerbrochen ist.
– Beten wir für alle, die sich an ihren Körper gefesselt fühlen, die Gewalt erfahren haben, missbraucht oder missachtet werden.
– Beten wir für alle, die an Leib und Seele krank sind, ohne dass ihnen bisher geholfen werden konnte.
– Beten wir für alle, die andere Menschen in unguter Weise an sich binden oder anderen die Freiheit zur Selbstbestimmung rauben.

– Beten wir für alle, die sich selbstlos bemühen, anderen beim Lösen von Knoten zu helfen.
– Beten wir in den Knoten-Anliegen, die uns persönlich belasten.
Gott, du ermutigst uns durch das Beispiel der Gottesmutter, füreinander und miteinander Knoten zu lösen. Gib uns dazu die nötige Kraft, Ausdauer und Phantasie durch Christus, unsern Bruder und Freund.

Lied: Halleluja – Gruß dir, Maria (S. 114)

Gebet:
Beten wir zum Lob der Gottesmutter, zum Dank für ihr Vorbild als Knotenlöserin und als Bitte um Gottes Segen ein Ave Maria. Gegrüßt seiest du, Maria ...

Segensbitte:
Auf die Fürbitte Mariens segne uns der gute, väterlich-mütterliche Gott. Er gebe uns Licht und Kraft für unseren weiteren Weg. Er führe unsere Hände, wenn wir Knoten lösen, und unsere Füße, wenn wir heilende Wege gehen, der Vater, der Sohn und der Heilige Geist.

Liedvorschläge:

Da gerade bei Marienliedern besondere regionale Vorlieben bestehen, möge bei der Liedauswahl auf die Tradition der jeweiligen Gemeinden eingegangen werden. Das „Knotenlöserin-Lied" soll jedoch auf jeden Fall gesungen werden.

Sr. *Aurelia Spendel* OP/Sr. *Benedikta Hintersberger* OP

Meine Seele preist die Größe des Herrn

Dillinger Franziskanerinnen, Bamberg

Eingangslied: Gegrüßet seist du, Königin (GL 573, 1+2+5; KG 758)

Einführung:

Ich begrüße Sie alle zu unserer Maiandacht hier in der Kirche.

Gerade haben wir in dem Lied von Maria als der Königin gesungen. Wir kennen die Bilder, auf denen Maria als Königin dargestellt ist: mit Krone und Zepter, den Machtinsignien der Herrscher. Das Jesuskind sitzt auf ihrer linken Hüfte.

Diese Bilder sind so anders als das, was uns im Lukas-Evangelium, im Magnifikat begegnet. Hier wird uns Maria vorgestellt als eine Frau, die überrascht ist von dem unerhörten Handeln Gottes an ihr und ihrer Verwandten Elisabeth. Wie kann es sein, dass sie, eine einfache junge Frau, Gottes Sohn gebären wird? Ganz viele Fragen stellen sich ihr, und sie stellt sie auch an Gott, in einem Gebet, das uns bekannt ist als dem Lobgesang Mariens.

Singen wir den Lobgesang Mariens und hören anschließend eine kurze Meditation:

Lied: Den Herren will ich loben (GL 261,1; KG 760)

Meditative Gedanken zum Magnifikat:
Maria betet.
Ihr Gebet ist ein Lied.
Wir hören keine Bitte, nur Preisungen und Dank.
Hier betet ein Mensch, der erfahren durfte,
wie groß Gott ist.
Darum lautet das erste Wort:

Meine Seele preist die Größe des Herrn,

Meine Seele macht Gott groß, weil er auch mich groß gemacht hat.
Er hat mir Würde und Größe geschenkt.
Alles, was ich bin und habe, hat Gott mir geschenkt.
Deshalb lobe ich Gott, weil er sich den kleinen Leuten zuwendet.

und mein Geist jubelt über Gott, meinen Retter.

Ich muss diese Freude herausrufen.

Denn ich bin nur ein einfaches, unbedeutendes Geschöpf.
Aber Gott kennt mich – und sieht mich.
Und wenn wir unser Leben betrachten:
Wie viel Großes hat er uns getan in ungezählten Kleinigkeiten.

Er erbarmt sich von Geschlecht zu Geschlecht über alle, die ihn fürchten.

„Erbarmen" bedeutet wachsen können in der grenzenlosen Güte und Freundlichkeit Gottes.
Gott erbarmt sich, er kümmert sich um die, die aus eigener Kraft nichts mehr schaffen können, die sich in einer Sackgasse fühlen.
Gott will sie dort herausholen.

Er vollbringt mit seinem Arm machtvolle Taten:
Er zerstreut, die im Herzen voll Hochmut sind;
er stürzt die Mächtigen vom Thron und erhöht die Niedrigen.
Die Hungernden beschenkt er mit seinen Gaben und lässt die Reichen leer ausgehen.

Gott hat ein Herz – für uns alle.
Maria weiß um die Nähe Gottes in ihrem persönliche Leben.
Sie erfährt Gott aber auch als den Herrn der Ge-

schichte, der ganz praktisch in die Geschichte der Welt und jedes einzelnen Menschen eingreift:
Er hilft also denen, die auf ihn setzen, um die sich sonst keiner kümmert.
Menschen, die sich mit Ehre, Reichtum und Macht brüsten, holt er von ihrem hohen Ross herunter.
Am Ende – gehen sie leer aus.
Von ihrer Größe – bleibt nichts.

Denn groß ist für Maria – nur Gott!
Er steht auf der Seite der Kleinen.
Seine Brüder und Schwestern sind die Armen.
Ihnen gehört das Reich.

Maria schließt ihr Gebet mit einem Wort des Propheten Jesaja:

Er nimmt sich seines Knechtes Israel an
und denkt an sein Erbarmen,
das er unsern Vätern verheißen hat,
Abraham und seinen Nachkommen auf ewig.

Maria verheißt allen bedrückten und erniedrigten Menschen, dass Gott für sie da ist.
Er lässt niemanden im Stich.

Denn Gott ist ein Gott der Treue,
darum brauchen wir uns nicht zu fürchten,
denn er ist mit uns, er macht uns stark und hilft uns.
Der Sinn unseres Lebens muss sein:
Von diesem Gott dankbar Zeugnis zu geben,
der uns führt und zusammenschließt.

Lied: Den Herren will ich loben (GL 261, 2+3; KG 760)

Vertiefung:
Wir wollen über die folgenden Fragen still nachdenken und sie persönlich vor Gott beantworten:
Wofür müsste ich Gott viel mehr danken in meinem Leben?
Wo kann ich Gott begegnen?
Wo entdecke ich Spuren Gottes in meinem persönlichen Leben?
Wie zeigt sich in meinem persönlichen Verhalten, dass Gott ein Freund der Armen ist?

Gebet:
V Gott, wir schauen auf Maria. Sie ist gesegnet von dir, und ihr Leben ist ein Segen für uns, weil sie Gott als Gefährten ihres Lebens bewundert.
A Wir danken dir, Gott, weil du Maria erwählt hast. Wir danken dir, Maria, weil du auf Gott gehört hast.

V weil sie Gott als den Freund der Machtlosen preist.
A Wir danken dir, Gott, ...
Wir danken dir, Maria, ...
V weil sie Gott als den Retter der Armen verheißt.
A Wir danken dir, Gott, ...
Wir danken dir, Maria, ...
V weil sie Gott als die Hoffnung der Mutlosen verkündet.
A Wir danken dir, Gott, ...
Wir danken dir, Maria, ...
V weil sie Gott als den Vertrauten der Kleinen erfährt.
A Wir danken dir, Gott, ...
Wir danken dir, Maria, ...

Großer Gott, du unser Vater, der Lobgesang Mariens mache uns Mut, auf deine Taten zu hoffen, und neugierig, sie gespannt zu erwarten. Hilf uns, nach dem Hören begeistert aufzuspringen und fröhlich nach Hause zu gehen, um dort dich, Gott, bei deinem Veränderungswerk zu unterstützen.

Schlusslied: Maria, breit den Mantel aus (GL 595, 1+2; KG 763)

Sr. *Friederike* Müller

Maria, Mutter des Erbarmens
Dillinger Franziskanerinnen, Bamberg

Lied: Maria Maienkönigin (S.117)

Eröffnung: Im Namen des Vaters ...

Lobpreis:

V Allmächtiger Vater, wir preisen dich und danken dir, dass du Maria so wunderbar begnadet hast; sie ist die unversehrte Jungfrau. Sie lehrt uns, in allem nach deinem Willen zu fragen. Wir danken dir, dass du sie uns als Vorbild gegeben hast.

A Wir loben dich, wir preisen dich.

V Gottes ewiger Sohn, wir freuen uns, dass du Maria zu deiner jungfräulichen Mutter erwählt hast. In Liebe und Treue hat sie dir gedient. Wir danken dir, dass du sie uns zur Mutter gegeben hast.

A Wir loben dich, wir preisen dich.

V Gott Heiliger Geist, wir loben dich und danken dir, dass du Maria mit deiner Liebe beschenkt hast. Sie ist deine makellose Braut. Wir danken dir, dass sie mit uns betet und für uns eintritt.

A Wir loben dich, wir preisen dich.

Schriftlesung: (Lk 1,46-55)
Da sagte Maria: Meine Seele preist die Größe des Herrn, und mein Geist jubelt über Gott, meinen Retter. Denn auf die Niedrigkeit seiner Magd hat er geschaut. Siehe, von nun an preisen mich selig alle Geschlechter. Denn der Mächtige hat Großes an mir getan, und sein Name ist heilig. Er erbarmt sich von Geschlecht zu Geschlecht über alle, die ihn fürchten. Er vollbringt mit seinem Arm machtvolle Taten: Er zerstreut, die im Herzen voll Hochmut sind; er stürzt die Mächtigen vom Thron und erhöht die Niedrigen. Die Hungernden beschenkt er mit seinen Gaben und lässt die Reichen leer ausgehen. Er nimmt sich seines Knechtes Israel an und denkt an sein Erbarmen, das er unseren Vätern verheißen hat, Abraham und sein Nachkommen auf ewig.

Betrachtung:
Damit wir Menschen Frieden erfahren in unseren Herzen, braucht es das Erbarmen, die Barmherzigkeit. Wo Schuld wirklich vergeben wird, wo Menschen mit ihren Schwächen angenommen werden, dort können sie aufatmen, dort wächst wahres Leben. Bei Gott finden wir diese barmherzige Liebe, denn „er erbarmt sich von Geschlecht zu Geschlecht". Maria ist die Zeugin dieses großen Erbarmens Gottes. Jesus, ihr Sohn, ist Gottes Barmherzig-

keit in Person. Von ihm ist sie ganz geprägt. Mit dem tausend Jahre alten Gebet „Salve Regina – Sei gegrüßt, o Königin" grüßen wir Maria als Königin und Mutter der Barmherzigkeit. Durch sie empfehlen wir unsere Welt und uns selbst in das unendliche Erbarmen Gottes:

A Sei gegrüßt, o Königin, Mutter der Barmherzigkeit; unser Leben, unsre Wonne, unsre Hoffnung, sei gegrüßt! Zu dir rufen wir verbannte Kinder Evas; zu dir seufzen wir trauernd und weinend in diesem Tal der Tränen. Wohlan denn, unsere Fürsprecherin, wende deine barmherzigen Augen uns zu, und nach diesem Elend zeige uns Jesus, die gebenedeite Frucht deines Leibes. O gütige, o milde, o süße Jungfrau Maria.

Lied: Gegrüßet seist du, Königin (GL 573, 1+2; KG 758)

V Sei gegrüßt, o Königin, Mutter der Barmherzigkeit!
A Sei gegrüßt, o Königin, Mutter der Barmherzigkeit!
V Die Güte und die Menschenfreundlichkeit Gottes ist Mensch geworden in dir.
A Sei gegrüßt, o Königin, …
V Mehr als alle anderen Menschen hast du Gottes Erbarmen erfahren. Er hat Großes an dir getan.

A Sei gegrüßt, o Königin, ...

V Du, Maria, bist wie kein anderer Mensch in das Schicksal deines Sohnes hineingenommen. Als du unter seinem Kreuz standest, war dein Herz voll Schmerz und voll Erbarmen.

A Sei gegrüßt, o Königin, ...

V Du weißt um die Not eines jeden von uns. Du kennst die Schwachheit der Menschen. Und du weißt um unsere Sehnsucht und Reue.

A Sei gegrüßt, o Königin, ...

Lied: Gegrüßet seist du, Königin (GL 573,3; KG 758)

V Du unsere Hoffnung, sei gegrüßt!

A Du unsere Hoffnung, sei gegrüßt!

V Du hast Christus, den Retter geboren. So hast du den Grund unserer Hoffnung gelegt und alle Hoffnungslosigkeit besiegt.

A Du unsere Hoffnung, sei gegrüßt!

V Nichts konnte deine Hoffnung auf Christus trüben. Du trautest ihm stets das Große zu. An seinem Grab hast du gegen alle Verzweiflung auf Gottes Macht und Liebe gehofft.

A Du unsere Hoffnung, sei gegrüßt!

V Du bist schon im Himmel, am Ziel unserer Hoff-

nung. Wir sind noch unterwegs. Aber wer auf dich schaut, verliert den Mut nicht.
A Du unsere Hoffnung, sei gegrüßt!

Lied: Gegrüßet seist du, Königin (GL 573,5)

V Zeige uns Jesus!
A Zeige uns Jesus!
V Du weckst in uns das Vertrauen auf deinen Sohn Jesus. Du lenkst unsere Aufmerksamkeit auf sein Wort.
A Zeige uns Jesus!
V Wir Menschen erfahren die Gottesferne und müssen das Schweigen Gottes aushalten. Der nahe Gott scheint uns oft so fremd.
A Zeige uns Jesus!
V Das Wort „Elend“ bedeutet ursprünglich „Fremde“. Das größte Elend ist die Sünde, die uns von Gott entfremdet. Du, Maria, bist in der „Heimat“, die Gott für uns alle bereitet hat.
A Zeige uns Jesus!
V Einst wirst du uns zu deinem Sohn geleiten und uns ganz seiner Barmherzigkeit übergeben.
A Zeige uns Jesus!

Lied: Gegrüßet seist du, Königin (GL 573,6; KG 758)

V O gütige, o milde, o süße Jungfrau Maria.
A O gütige, o milde, o süße Jungfrau Maria.
V Du Mutter der Barmherzigkeit, Tochter des Vaters, Abbild seiner Güte, bitte für uns.
A O gütige, o milde, o süße Jungfrau Maria.
V Unsere Liebe Frau, ganz erfüllt von den Gaben des Heiligen Geistes, bitte für uns.
A O gütige, o milde, o süße Jungfrau Maria.
V Du Mutter der Kirche, voll Mitleid für uns Menschen, Mitpilgerin auf allen Straßen unseres Lebens, bitte für uns.
A O gütige, o milde, o süße Jungfrau Maria.
V Ganz schön bist du, Maria. In dir gibt es kein Dunkel. Da ist nur Gnade. Da ist nur Licht. Da ist nur Güte. Du bist der österliche Mensch, der Abglanz Christi.
A O gütige, o milde, o süße Jungfrau Maria.

Lied: Wunderschön prächtige (S. 124)

Fürbitten:
Auf die Fürbitte seiner Mutter lasst uns zu unserem Herrn und Bruder Jesus Christus voll Vertrauen beten:

Hab Erbarmen mit allen, die an der Last ihres Lebens schwer zu tragen haben und über ihre Kraft gefordert sind. Christus, höre uns.
A Christus, erhöre uns.

Hab Erbarmen mit denen, die zu kurz kommen im Konkurrenzkampf unserer Welt, mit den Arbeitslosen, den Jugendlichen ohne Berufschancen, den Armen vor unserer Haustür und in der weiten Welt.

Hab Erbarmen mit den an Leib und Seele Kranken, den Behinderten, den bei Unfällen und Katastrophen Verletzten.

Hab Erbarmen mit allen, deren Beziehung gescheitert ist, mit den Vereinsamten und Unverstandenen.

Hab Erbarmen mit den Sterbenden, die keine Zeit mehr haben, sich zu versöhnen, mit den Verstorbenen, an die niemand mehr denkt.

Vater unser im Himmel ...
Gott hat in seinem Erbarmen auf Maria geschaut und sie gesegnet. So bitten auch wir um Gottes Segen:

Deine Kraft, barmherziger Gott, wirke in uns und durch uns.
Deine Treue halte uns und lasse uns andere halten.
Deine Zuwendung tröste uns und lasse uns anderen Trost und Hilfe sein.
Deine Liebe heile und leite uns.
Das gewähre uns, der liebende und barmherzige Gott, der Vater, der Sohn und der Heilige Geist. Amen.

Schlusslied: Maria, breit den Mantel aus (GL 595, 1+4; KG 763)

Sr. Friederike Müller

Maria, dich lieben

Dominikanerinnen von Bethanien

Eröffnungslied: Maria, dich lieben ist allzeit mein Sinn (GL 594,1-3; KG 764)

Einführung:

„Maria, dich lieben ist allzeit mein Sinn". Na ja ...
Es gab eine Zeit, da konnte ich mich über dieses Lied nur aufregen. Mein Taufname ist Maria, und wenn ich mich – was gar nicht so selten geschah – mal wieder mit meinem Vater überworfen hatte, die Wohnungstür hinter mir zugeschlagen und heulend und schmollend im obersten und hintersten Winkel unseres Treppenhauses hockte, kam unweigerlich selbiger Vater, kniete am Fuß der Treppe nieder und sang – zur Freude unserer Nachbarn, weniger zu meiner – laut und falsch diese Zeilen. Ich fürchte, das ist mindestens ein Grund, weswegen ich froh war, mit dem Ordenseintritt auch einen anderen Namen wählen zu dürfen.

Allerdings kommt man als Ordensfrau nicht an Maria und auch nicht an diesem Lied vorbei. Und allen „traumatischen" Erfahrungen zum Trotz ist es inzwischen mein Lieblings-Marienlied. Nicht wegen der ersten, sondern wegen der dritten Strophe. Maria, eine Frau, die unser Leben kennt, weil es auch ihr Leben war: Alltag, Arbeit, schauen, was und wie die Familie heute zu essen bekommt – und Mutter eines wahrlich nicht leicht zu erziehenden Sohnes. Diese Maria ist mir nahe und lieb und schwesterlich vertraut, an ihr kann ich mich orientieren und mit ihr die Gnade Gottes auch in meinem Leben entdecken. Ich möchte Sie in diesem Gottesdienst einladen, Maria zu begegnen, so wie die Evangelien sie uns schildern: in all ihrer Menschlichkeit und auch menschlichen Begrenztheit und doch – oder vielmehr gerade darin – voll der Gnade.

Kyrierufe:

Jesus, in dir ist Gott uns menschlich nahegekommen; Mensch wie wir, hast du unser Leben geteilt.

Immer wieder dürfen Menschen erfahren, dass die Begegnung mit dir sie herausfordert und ihr Leben reicher und tiefer, wenn auch nicht unbedingt einfacher, werden lässt.

In der Bibel, deinem Wort, schenkst du uns Geschichten und Beispiele von solchen Menschen, die uns Vorbilder und Begleiter sein wollen.

Gloria: Groß sein lässt meine Seele den Herrn (S.112)

Lesung: Dtn 30,11-14

Dieses Gebot, auf das ich dich heute verpflichte, geht nicht über deine Kraft und ist nicht fern von dir. Es ist nicht im Himmel, so dass du sagen müsstest: Wer steigt für uns in den Himmel hinauf, holt es herunter und verkündet es uns, damit wir es halten können? Es ist auch nicht jenseits des Meeres, so dass du sagen müsstest: Wer fährt für uns über das Meer, holt es herüber und verkündet es uns, damit wir es halten können? Nein, das Wort ist ganz nah bei dir, es ist in deinem Mund und in deinem Herzen, du kannst es halten.

Antwortgesang: Nahe wollt der Herr uns sein (GL 617, 1-3; KG 599)

Evangelium: Lk 2,41-52

Die Eltern Jesu gingen jedes Jahr zum Paschafest nach Jerusalem. Als er zwölf Jahre alt geworden war, zogen sie wieder hinauf, wie es dem Festbrauch entsprach. Nachdem die Festtage zu Ende waren, machten sie sich auf den Heimweg. Der junge Jesus aber blieb in Jerusalem, ohne dass seine Eltern es merkten. Sie meinten, er sei irgendwo in der Pilgergruppe, und reisten eine Tagesstrecke weit; dann suchten sie ihn bei den Verwandten und Bekannten. Als sie ihn nicht fanden, kehrten sie nach Jerusalem zurück und suchten ihn dort. Nach drei Tagen fanden sie ihn im Tempel; er saß mitten unter den Lehrern, hörte ihnen zu und stellte Fragen. Alle, die ihn hörten, waren erstaunt über sein Verständnis und über seine Antworten. Als seine Eltern ihn sahen, waren sie sehr betroffen und seine Mutter sagte zu ihm: Kind, wie konntest du uns das antun? Dein Vater und ich haben dich voll Angst gesucht. Da sagte er zu ihnen: Warum habt ihr mich gesucht? Wusstet ihr nicht, dass ich in dem sein muss, was meinem Vater gehört? Doch sie verstanden nicht, was er damit sagen wollte. Dann kehrte er mit ihnen nach Nazaret zurück und war ihnen gehorsam. Seine Mutter bewahrte alles, was geschehen war, in ihrem Herzen. Jesus aber wuchs heran und seine Weisheit nahm zu, und er fand Gefallen bei Gott und den Menschen.

Meditation:

Es ist noch gar nicht so lange her, da war ich Kinderdorfmutter in unserem Kinderdorf in Waldniel und hatte meine liebe Mühe mit der damals 13-jährigen Sandra. Nacht für Nacht entschwand sie und Nacht für Nacht rief mich pünktlich um 2.30 Uhr die Polizei in

Viersen an, sie hätten das vermisste Mädel aufgegriffen und ich könne sie jetzt abholen. Irgendwann wandelte sich meine Sorge um das Wohlergehen des armen Kindes in ausgesprochene Wut: Was fällt der eigentlich ein?! Schließlich muss ich auch mal schlafen und hab noch eine ganze Reihe Kinder, die tagsüber Aufmerksamkeit beanspruchen.
In dieser Zeit fiel mir eine alte Ikone aus dem 14. Jahrhundert in die Hände, die die Szene aus dem Evangelium, die wir gerade gehört haben, ausmalt.
Wunderschön auf Goldgrund sitzt völlig erschöpft und leicht grün im Gesicht Maria in der Ecke, bei ihr Josef, der dem wiedergefundenen Knaben Jesus väterlich die Hand auf die Schulter legt, mit der anderen auf Maria weist: Kind, wie konntest du uns das antun. Und Jesus, der 12-jährige, mit verschränkten Armen ... „Wusstet Ihr denn nicht? Kapiert Ihr denn nicht?" Oh, wie bekannt mir das vorkam!
Arme Maria, heilige Mutter Gottes!

Seit der Zeit ist Maria mir sehr menschlich nahe. Und es macht was mit meinem Beten. Wenn ich heute den Rosenkranz bete, trifft es mich jedes Mal, wenn ich Maria zurufe: Du bist voll der Gnade, denn der Herr ist mit dir. Du bist gebenedeit – zu deutsch: gut-geheißen

– und dein Kind, die Frucht deines Leibes, ist es auch. Das erste Gesätz des sogenannten „freudenreichen Rosenkranzes“: gutgeheißen du und die Frucht deines Leibes, Jesus, den du vom Heiligen Geist empfangen hast. Das sagen wir einem jungen Mädchen, unverheiratet, schwanger und das nicht von ihrem Verlobten – in ihrer Zeit und Kultur nahezu ausgeschlossen, dass sie und das Kind das überleben werden. Darauf steht die Steinigung.
Es lohnt sich, das altbekannte Verkündigungsevangelium von Lukas einmal aus dieser Perspektive zu lesen: Als der Engel Maria seine Botschaft ausgerichtet und ihre sehr verständlichen und berechtigten Fragen beantwortet hat, erklärt sie ihr Einverständnis – und dann sagt sie gar nichts mehr. Bis sie bei Elisabet ankommt, die auf den ersten Blick erkennt, was mit ihrer Cousine los ist und sich freut. Mit lauter Stimme ruft sie: „Wie gut, gebenedeit: du und dieses Kind!“
Da kann dann auch Maria jubeln und ihr großartiges Magnifikat singen. Wie gut, wenn wir in Zeiten existentieller Verunsicherung solch einer Elisabet begegnen dürfen ...

Der Rosenkranz, so haben wir gelernt, ist eine Betrachtung des Lebens Jesu an der Hand oder in Begleitung seiner Mutter. Damit gehen wir auch den Weg mit, den Maria mit ihrem Sohn ging, und nach der Darstellung der Evangelien ist der alles andere als romantisch. Nach allen Bedrohungen der Schwangerschaft bringt die junge Mutter ihr erstes Kind in einem Viehstall zur Welt, gleich darauf sehen wir sie auf der Flucht. Der Junge, das hatten wir eingangs, entwächst ihr zusehends; immer wieder wird uns erzählt, dass er sie zurückstößt – oder dass sie ihn einfach nicht versteht. So der Evangelist Johannes bei der Hochzeit von Kana, als sie Jesus herausfordert, den Leuten, die da keinen Wein mehr haben, zu helfen: „Frau, was habe ich mit dir zu schaffen?“ (Joh 2,4) Und noch deutlicher bei Markus, als sie mit ihren Verwandten kommt, um den Jungen, der sich da um Kopf und Kragen redet, heimzuholen: „Deine Mutter und deine Brüder stehen draußen und wollen dich sprechen.“ „Wer ist meine Mutter, und wer sind meine Brüder?“ (Mk 3,33) Und schließlich muss sie zuschauen, wie dieses Kind, das ihr von Gott geschenkt und anvertraut war, elendiglich zugrunde geht.

Gegrüßet seiest du, Maria, du bist voll der Gnade, der Herr ist mit dir. Du bist gebenedeit unter den Frauen und gebenedeit ist die Frucht deines Leibes.

Es ist wahr: Ich liebe Maria. Nicht unbedingt mit „kindlicher Ehrfurcht" – ich liebe sie als Frau und Schwester, die das Leben bestanden hat. Ich rede gerne mit ihr: über meine Kinder, über die Schwierigkeiten, Menschen, die ich liebe, zu verstehen und ihre Entscheidungen zu akzeptieren – auch wenn ich so sicher bin, dass das nicht gut gehen kann. Im Blick auf den Weg, den Maria mit ihrem Sohn gegangen ist, lerne ich, dass die vernünftigen und guten Ratschläge, die Eltern, Berater und gute Freunde so für die ihnen Anvertrauten haben, nicht unbedingt immer das Nonplusultra sind, dass ein Weg, der in der Katastrophe zu enden scheint, auch ein Weg zur Auferstehung und zu einem ganz neuen, sehr lebendigen Leben werden kann. Ich lerne, dass man manchmal wirklich gar nichts mehr machen kann, als dabeizubleiben. Und dass auch darin Gnade erfahren werden kann.

Die Beziehung zu Maria wirkt sich auch auf meinen Blick auf meine Beziehung zu anderen Menschen aus: Ich kann nicht dieses junge Mädchen in seiner ungeplanten Schwangerschaft seligpreisen und gleichgültig oder gar ablehnend sein gegenüber den jungen Mädchen und den Frauen, die heute vor der Frage stehen, wie um Himmels willen sie mit diesem Kind leben sollen.
Ich kann nicht achtlos vorbeigehen an Menschen, die

keine Bleibe haben oder Asyl suchen, wenn ich verkünde, dass Gottes Gnade für mich und alle Menschen erfahrbar wurde, als eine junge Obdachlose ihr Kind in einem Stall zur Welt brachte, ihr Kind, mit dem sie wenig später in ein anderes Land fliehen musste, weil die Mächtigen zu Hause dieses Kind nicht leben lassen wollten.
Ich kann mein Herz und meine Augen nicht verschließen vor Menschen, die trauern, weil sie das Liebste in ihrem Leben und ihre Zukunft verloren haben, wenn ich auf die Mutter schaue, der man ihren toten Sohn auf den Schoß gelegt hat.
Ich muss mich schon einsetzen für eine auch strukturelle Gerechtigkeit in dieser Welt, wenn ich die Frau, die zu lieben ich gerne behaupte, überhaupt ernst nehme, diese Frau, die im Magnifikat die Vision einer Welt besingt, in der die Armen und Entrechteten von Gott Recht bekommen, die Hungernden gesättigt werden, während die, die sowieso schon alles haben, mit leeren Händen davongeschickt werden.

Ich möchte Sie einladen, in einer Zeit der Stille vor Gott an die Menschen aus ihrem Bekanntenkreis zu denken, die vor solchen Fragen, in solchen Situationen stehen.

Für sie und mit ihnen wollen wir gemeinsam ein „Gegrüßet seist du, Maria" sprechen.
Gegrüßet seist du, Maria, …

Segen

Schlusslied: Maria, dich lieben (GL 594,4-6; KG 764)

Sr. Judith Moormann

Maria, Mutter vom guten Rat, Begleiterin auf meinem Lebensweg

Congregatio Jesu

Hinführung:

Wir alle sind auf dem Weg, gehen dem Ziel unseres Lebens entgegen.

Wenn es schon im alltäglichen Leben für mich wichtig ist, dass ich mich orientieren muss, bevor ich aufbreche, damit ich mich nicht verlaufe und das Ziel nicht verfehle, so gilt das auch für mein Lebensziel.

Noch wichtiger scheint es zu sein, dass ich einen guten Begleiter auf dem Weg habe, der den Weg vielleicht schon kennt und mich auf gefahrvolle Strecken des Weges aufmerksam machen kann und mit mir geht.

Ist es das Ziel unseres Lebensweges, zum Vater zu kommen, endgültig in Seiner Gegenwart zu leben, mit Christus den Vater zu loben und zu lieben, wer sollte uns da besser auf dem Weg begleiten als Maria?

An Hand der biblischen Erzählung von der Hochzeit zu Kana kann uns aufleuchten, wie Maria immer wieder hilfreich in unser Leben hineinwirkt, was sie uns als Hilfe für unseren Lebensweg anbietet.

Lassen wir uns in dieser Maiandacht die Augen dafür öffnen und beginnen wir den Gottesdienst:

Liturgische Eröffnung:
Im Namen des Vaters und des Sohnes und des Heiligen Geistes.
Grüßen wir Maria, die Mutter mit dem Lied

Lied: O Maria, sei gegrüßt (GL 582; KG 767)

Gebet:
Gott, unser Vater, du hast Maria erwählt, die Mutter deines Sohnes zu werden und Jesus auf seinem Lebensweg zu begleiten. Sie hat – wie kein anderer Mensch – am Leben Jesu teilgenommen, ist ihm bis zum letzten Augenblick seines Lebens gefolgt, und unter dem Kreuz hat Jesus sie uns allen zur Mutter geschenkt.
Ja, wir dürfen uns in allen Phasen unseres Lebens von Maria, unserer Mutter, begleitet wissen und vertrauen, dass sie uns mit ihrem guten Rat auf unseren nächsten Schritt, der uns zum Heile dient, aufmerksam macht.
So danken wir dir, guter Vater, für ihre Wegbegleitung alle Tage unseres Lebens. Amen.

Lied: Alle Tage sing und sage (GL 589, 1+2)

Evangelium: Joh 2,1-12
Am dritten Tag fand in Kana in Galiläa eine Hochzeit statt, und die Mutter Jesu war dabei. Auch Jesus und seine Jünger waren zur Hochzeit eingeladen. Als der Wein ausging, sagte die Mutter Jesu zu ihm: Sie haben keinen Wein mehr. Jesus erwiderte ihr: Was willst du von mir, Frau? Meine Stunde ist noch nicht gekommen. Seine Mutter sagte zu den Dienern: Was er euch sagt, das tut! Es standen dort sechs steinerne Wasserkrüge, wie es der Reinigungsvorschrift der Juden entsprach; jeder fasste ungefähr hundert Liter. Jesus sagte zu den Dienern: Füllt die Krüge mit Wasser! Und sie füllten sie bis zum Rand. Er sagte zu ihnen: Schöpft jetzt und bringt es dem, der für das Festmahl verantwortlich ist. Sie brachten es ihm. Er kostete das Wasser, das zu Wein geworden war. Er wusste nicht, woher der Wein kam; die Diener aber, die das Wasser geschöpft hatten, wussten es. Da ließ er den Bräutigam rufen und sagte zu ihm: Jeder setzt zuerst den guten Wein vor und erst, wenn die Gäste zu viel getrunken haben, den weniger guten. Du jedoch hast den guten Wein bis jetzt zurückgehalten. So tat Jesus sein erstes Zeichen, in Kana in Galiläa, und offenbarte seine Herrlichkeit und seine Jünger glaubten an ihn.

Meditation:
Ich bin als Gast zu der Hochzeit eingeladen, und es ergibt sich, dass ich ganz in der Nähe von Jesus sitze. Was würde ich ihm sagen? Was würde Jesus mir sagen, was würde er mir ans Herz legen?

Ich bekomme die Not der Gastgeber mit, dass der Wein ausgegangen ist.
Kenne ich solche Situationen in meinem Leben, in denen ich mich bedürftig fühle, einen Mangel in mir spüre? Was geht mir manchmal aus?

Bei der Feier in Kana wendet sich Maria an ihren Sohn und weist auf die Notsituation der Gastgeber hin. Sie traut ihm zu, dass er die Not wenden kann.
Was wird Maria im Blick auf meine Situation sagen?

Maria hört das hart klingende Wort Jesu: Was willst du von mir? Aber es erschüttert nicht ihr Vertrauen in ihren Sohn, so dass sie den Dienern den guten Rat geben kann: „Was er euch sagt, das tut."
Wie klingt dieser Rat in meinem Herzen? Was wird Jesus mir sagen?

Ja, es ist einfach erstaunlich, dass Jesus jetzt die Diener um einen schlichten Dienst bittet: Füllt die Krüge mit Wasser! Die Krüge, die für die alltägliche Reinigung bereitstehen, sind leer, sie sollen sie mit dem, was sie gerade haben, füllen, es dem Herrn zur Verfügung stellen, und dann kann das Wunder geschehen.

Kann ich glauben, dass Jesus auch im meinem Leben das wandeln wird, was ich ihm in dem Krug meines Lebens anbiete?

Es scheint nicht unbedeutend zu sein, dass Maria bei der Hochzeit zu Kana uns mit ihrem guten Rat die Augen dafür öffnet, worauf es in unserem Leben wirklich ankommt: Was er uns sagt, zu tun.
Gott selber kann dann in den leeren Krügen meines Lebens das Wunder wirken und es verwandeln, sodass mein Leben immer kostbarer wird.

Gebet:
Lass unser Leben reifen, Gott, du bist die Fülle,
all unsere Quellen entspringen in dir,
auch die Liebe,
du bist die Fülle und wir die Leere,
wir haben viele leere Krüge,
oft geht uns der Wein aus,

der Wein der Menschenfreundlichkeit,
der Wein des Erbarmens,
der Wein des Wohlwollens.
Oft geht uns der Wein aus,
und wir müssen mit Wasser,
mit Essig leben,
und dann wird das Leben zur Hölle,
und wir sind getrennt.
Und so bitten wir dich,
Gott, hilf uns, dass wir alles tun,
die leeren Krüge vollzuschöpfen,
zu schöpfen, zu schöpfen,
vollzuschöpfen, nicht halb,
sondern bis zum Rand …
Gott, wenn wir alles getan haben,
was wir tun konnten,
dann lass du das Wunder geschehen,
lass du dann sich wandeln Trauer in Freude
Verzweiflung in Hoffnung,
Totes in Lebendiges …
Gott, lass unser Leben reifen mit den Jahren,
wie Wein reift,
lass den Wein unseres Lebens
immer besser, immer kostbarer werden.
Theresia Hauser

Lied: Mutter Gottes, wir rufen zu dir (S. 119)

Maria kann uns immer wieder aufmerksam machen auf ein erfülltes Leben, sie kann uns gleichsam mit ihrem Rat die Augen für das Wesentliche im Leben öffnen. Ein Text unserer Tage sagt es so:

Spielregel

Wenn die krüge in eurem leben leer sind
Wenn euer leben leer ist
dann tut
was er euch sagt
tut was zu tun ist
tut was ihr könnt
das einfachste von der welt

gebt was ihr habt –
nie sollen wir etwas halb tun
sondern ganz bis zum rand
sollen wir die leeren krüge füllen
mit dem was wir haben
vielleicht
mit unseren tränen
mit unseren ängsten

mit unserer traurigkeit
wer nicht an ein wunder glaubt
ist kein realist
ohne wunder geht kein leben
Wilhelm Willms

Gebet:
Ja, Herr, lass uns an das Wunder glauben, das du heute unter uns wirken möchtest, dann können wir dich mit Maria loben und preisen – wie sie es im Magnificat getan hat:

Lied: Den Herren will ich loben (GL 261; KG 760)

Segenswunsch:
Lassen wir uns zum Schluss des Gottesdienstes Gottes Segen für den nächsten Schritt auf unserem Lebensweg zusagen:

Wegsegen

gott segne deinen weg
die sicheren und die tastenden schritte
die einsamen und die begleiteten
die großen und die kleinen

gott segne dich auf deinem Weg
mit atem über die nächste biegung hinaus
mit unermüdlicher hoffnung
die vom ziel singt, das sie nicht sieht
mit dem mut stehen zu bleiben
und der kraft weiterzugehen

gottes segen umhülle dich auf deinem weg
wie ein bergendes zelt
gottes segen nähre dich auf deinem weg
wie das brot und der wein
gottes segen leuchte dir auf deinem weg
wie das feuer in der nacht

geh im segen
und gesegnet bist du segen
wirst du segen
bist ein segen
wohin dich der weg auch führt
Katja Süß

So segne uns der gute Gott, der Vater, der Sohn und der Heilige Geist. Amen

Sr. Maria Gabriel Kessenich CJ

Gebet des Rosenkranzes am Pfingstfest

Zisterzienserinnenabtei Marienkron, Österreich

Lied: Gruß dir, Mutter (GL 586, 1+4)

Eröffnungsgebet:

V Im Namen des Vaters und des Sohnes und des Heiligen Geistes.

A Amen.

V Ich glaube an Gott, den Vater, den Allmächtigen, den Schöpfer des Himmels und der Erde, und an Jesus Christus, seinen eingeborenen Sohn, unsern Herrn, empfangen durch den Heiligen Geist, geboren von der Jungfrau Maria, gelitten unter Pontius Pilatus, gekreuzigt, gestorben und begraben, hinabgestiegen in das Reich des Todes, am dritten Tage auferstanden von den Toten, aufgefahren in den Himmel; er sitzt zur Rechten Gottes, des allmächtigen Vaters; von dort wird er kommen, zu richten die Lebenden und die Toten.

A Ich glaube an den Heiligen Geist, die heilige katholische Kirche, Gemeinschaft der Heiligen, Vergebung der Sünden, Auferstehung der Toten und das ewige Leben. Amen.

V Ehre sei dem Vater und dem Sohn und dem Heiligen Geist,

A wie im Anfang so auch jetzt und allezeit und in Ewigkeit. Amen.

V Vater unser im Himmel, geheiligt werde dein Name. Dein Reich komme. Dein Wille geschehe, wie im Himmel so auf Erden.

A Unser tägliches Brot gib uns heute. Und vergib uns unsere Schuld, wie auch wir vergeben unsern Schuldigern. Und führe uns nicht in Versuchung, sondern erlöse uns von dem Bösen.

V Gegrüßet seist du, Maria, voll der Gnade, der Herr ist mit dir. Du bist gebenedeit unter den Frauen, und gebenedeit ist die Frucht deines Leibes Jesus, ...
Jesus, der in uns den Glauben vermehre
Jesus, der in uns die Hoffnung stärke
Jesus, der in uns die Liebe entzünde

A Heilige Maria, Mutter Gottes, bitte für uns Sünder, jetzt und in der Stunde unseres Todes. Amen.

V Ehre sei dem Vater und dem Sohn und dem Heiligen Geist,
A wie im Anfang so auch jetzt und allezeit und in Ewigkeit. Amen.

1. Betrachtung: Lesung aus dem Evangelium nach Johannes (20,19-22)
Am Abend dieses ersten Tages der Woche, als die Jünger aus Furcht die Türen verschlossen hatten, kam Jesus, trat in ihre Mitte und sagte zu ihnen: Friede sei mit euch! Nach diesen Worten zeigte er ihnen seine Hände und seine Seite. Da freuten sich die Jünger, dass sie den Herrn sahen. Jesus sagte noch einmal zu ihnen: Friede sei mit euch! Wie mich der Vater gesandt hat, so sende ich euch. Nachdem er das gesagt hatte, hauchte er sie an und sprach zu ihnen: Empfangt den Heiligen Geist!

Rosenkranz-Gesätzchen in Englisch:
V Our Father, who art in heaven, hallowed be Thy name. Thy kingdom come. Thy will be done on earth, as it is in heaven.
A Unser tägliches Brot gib uns heute. Und vergib uns unsere Schuld, wie auch wir vergeben unsern Schuldigern. Und führe uns nicht in Versuchung, sondern erlöse uns von dem Bösen.

V Hail Mary, full of grace, the Lord is with Thee; blessed art Thou among women, and blessed is the fruit of Thy womb, Jesus.

A Heilige Maria, Mutter Gottes, bitte für uns Sünder, jetzt und in der Stunde unseres Todes. Amen.

V Ehre sei dem Vater und dem Sohn und dem Heiligen Geist,

A wie im Anfang so auch jetzt und allezeit und in Ewigkeit. Amen.

2. Betrachtung: Lesung aus der Apostelgeschichte (2,1.2.4)

Als der Pfingsttag gekommen war, befanden sich alle am gleichen Ort. Da kam plötzlich vom Himmel her ein Brausen, wie wenn ein heftiger Sturm daherfährt, und erfüllte das ganze Haus, indem sie waren. Alle wurden mit dem Heiligen Geist erfüllt und begannen, in fremden Sprachen zu reden, wie der Geist es ihnen eingab.

Rosenkranz-Gesätzchen in Französisch:

V Notre Père qui es aux cieux, que ton nom soit sanctifié, que ton règne vienne, que ta volonté soit fait sur la terre comme au ciel.

A Unser tägliches Brot gib uns heute. Und vergib uns

unsere Schuld, wie auch wir vergeben unsern Schuldigern. Und führe uns nicht in Versuchung, sondern erlöse uns von dem Bösen.

V Je vous salue, Marie, pleine de gráce, le Seigneur est avec vous; vous ètes bénie entre toutes les femmes, et Jésus le fruit de vos entrailles, est béni.
A Heilige Maria, Mutter Gottes, bitte für uns Sünder, jetzt und in der Stunde unseres Todes. Amen.

V Ehre sei dem Vater und dem Sohn und dem Heiligen Geist,
A wie im Anfang so auch jetzt und allezeit und in Ewigkeit. Amen.

3. Betrachtung: Lesung aus der Apostelgeschichte (2,5-11)
In Jerusalem wohnten Menschen aus allen Völkern unter dem Himmel. Als sich das Getöse erhob, strömte die Menge zusammen und war ganz bestürzt; denn jeder hörte sie in seiner Sprache reden. Sie gerieten außer sich vor Staunen und sagten: Sind das nicht alles Galiläer, die hier reden? Wieso kann sie jeder von uns in seiner Muttersprache hören: Parther, Meder und Elamiter, Bewohner von Mesopotamien, Judäa und Kappadozien,

von Pontus und der Provinz Asien, von Phrygien und Pamphylien, von Ägypten und dem Gebiet Libyens nach Zyrene hin, auch die Römer, die sich hier aufhalten, Juden und Proselyten, Kreter und Araber, wir hören sie in unseren Sprachen Gottes große Taten verkünden.

Rosenkranz- Gesätzchen in Ungarisch:

V Mi Atyánk, aki a mennyekben vagy, szenteltessék meg a te neved; jöjjön el a te országod; legyen meg a te akaratod, amint a mennyben, ugy a földön is.

A Unser tägliches Brot gib uns heute. Und vergib uns unsere Schuld, wie auch wir vergeben unsern Schuldigern. Und führe uns nicht in Versuchung, sondern erlöse uns von dem Bösen.

V Üdvözlégy, Maria, kegyelemmel teljes, az Úr van teveled, áldott vagy te az asszonyok között, és áldott a te méhednek gyümölcse, Jézus.

A Heilige Maria, Mutter Gottes, bitte für uns Sünder, jetzt und in der Stunde unseres Todes. Amen.

V Ehre sei dem Vater und dem Sohn und dem Heiligen Geist,

A wie im Anfang so auch jetzt und allezeit und in Ewigkeit. Amen.

4. Betrachtung: Lesung aus dem 1. Korintherbrief (12,4-7.12-13)
Es gibt verschiedene Gnadengaben, aber nur den einen Geist. Es gibt verschiedene Dienste, aber nur den einen Herrn. Es gibt verschiedene Kräfte, die wirken, aber nur den einen Gott: Er bewirkt alles in allen. Jedem aber wird die Offenbarung des Geistes geschenkt, damit sie anderen nützt. Denn wie der Leib eine Einheit ist, doch viele Glieder hat, alle Glieder des Leibes aber, obgleich es viele sind, einen einzigen Leib bilden: so ist es auch mit Christus. Durch den einen Geist wurden wir in der Taufe alle in einen einzigen Leib aufgenommen, Juden und Griechen, Sklaven und Freie; und alle wurden wir mit dem einen Geist getränkt.

Rosenkranz-Gesätzchen in Deutsch:

V Vater unser im Himmel, geheiligt werde dein Name. Dein Reich komme. Dein Wille geschehe, wie im Himmel so auf Erden.

A Unser tägliches Brot gib uns heute. Und vergib uns unsere Schuld, wie auch wir vergeben unsern Schuldigern. Und führe uns nicht in Versuchung, sondern erlöse uns von dem Bösen.

V Gegrüßet seist du, Maria, voll der Gnade, der Herr ist mit dir. Du bist gebenedeit unter den Frauen, und gebenedeit ist die Frucht deines Leibes Jesus, ...
A Heilige Maria, Mutter Gottes, bitte für uns Sünder, jetzt und in der Stunde unseres Todes. Amen.

V Ehre sei dem Vater und dem Sohn und dem Heiligen Geist,
A wie im Anfang so auch jetzt und allezeit und in Ewigkeit. Amen.

5. Betrachtung: Lesung aus dem Buch Ezechiel (37,1-10 par)
Die Hand des Herrn legte sich auf mich, und der Herr brachte mich im Geist hinaus und versetzte mich mitten in die Ebene. Sie war voll von Gebeinen. Er führte mich ringsum an ihnen vorüber, und ich sah sehr viele über die Ebene verstreut liegen; sie waren ganz ausgetrocknet.
Da sagte er zu mir: Sprich als Prophet über diese Gebeine, und sag zu ihnen: Ihr ausgetrockneten Gebeine, hört das Wort des Herrn! So spricht Gott, der Herr, zu diesen Gebeinen: Ich selbst bringe Geist in euch, dann werdet ihr lebendig.
Die Gebeine rückten zusammen, Bein an Bein. Und als

ich hinsah, waren plötzlich Sehnen auf ihnen, und Fleisch umgab sie, und Haut überzog sie. Aber es war noch kein Geist in ihnen. Da sagte er zu mir: Sag zum Geist: So spricht Gott, der Herr: Geist komm herbei von den vier Winden! Hauch diese Erschlagenen an, damit sie lebendig werden. Da sprach ich als Prophet, wie er mir befohlen hatte, und es kam Geist in sie. Sie wurden lebendig und standen auf – ein großes, gewaltiges Heer.

Rosenkranz-Gesätzchen in Latein:

V Pater noster, qui es in caelis, sanctificetur nomen tuum, adveniat regnum tuum, fiat voluntas tua, sicut in caelo et in terra.

A Panem nostrum quotidianum da nobis hodie et dimitte nobis debita nostra, sicut et nos dimittimus debitoribus nostris. Et ne nos inducas in tentationem, sed libera nos a malo.

V Ave Maria, gratia plena; Dominus tecum; benedicta tu in mulieribus, et benedictus fructus ventris tui, Jesus.

A Sancta Maria, Mater Dei, ora pro nobis peccatoribus nunc et in hora mortis nostrae. Amen

V Gloria Patri et Filio et Spiritui Sancto,

A sicut erat in principio et nunc et semper et in saecula saeculorum. Amen.

Unter deinen Schutz und Schirm:

V Unter deinen Schutz und Schirm

A fliehen wir, o heilige Gottesgebärerin;
Verschmähe nicht unser Gebet in unseren Nöten,
sondern erlöse uns jederzeit von allen Gefahren,
o du glorwürdige und gebenedeite Jungfrau,
unsere Frau, unsere Mittlerin, unsere Fürsprecherin.
Versöhne uns mit deinem Sohne,
empfiehl uns deinem Sohne,
stelle uns deinem Sohne vor. Amen.

Gedenke:

V Gedenke,

A o mildreichste Jungfrau Maria,
es sei noch niemals gehört worden, dass du jemanden, der zu dir seine Zuflucht nahm,
deine Hilfe anrief und um deine Fürbitte dich anflehte, jemals verlassen hättest.
Von diesem Vertrauen beseelt, eile ich zu dir,
o Jungfrau der Jungfrauen und Mutter.
Zu dir komme ich und stehe als Sünder seufzend vor dir.

O Mutter des ewigen Wortes,
verschmähe nicht meine Worte,
sondern höre sie gnädig und erhöre mich. Amen.

Hl. *Bernhard v. Clairvaux*

Oration:

V Lasset uns beten: Gott, unser Herr, Du hast das österliche Geheimnis im Geschehen des Pfingsttages vollendet und Menschen aus allen Völkern das Heil geoffenbart. Vereine im Heiligen Geist die Menschen aller Sprachen und Nationen und mache uns lebendig zum Bekenntnis Deines Namens. Darum bitten wir durch Jesus Christus, unseren Herrn.

A Amen.

Lied: Salve Regina (GL 570; KG 752)

Sr. *Mirjam Dinkelbach*

Maria, Jungfrau aus Israel

***Benediktinerinnenkloster* Fahr/Schweiz**

Musik

Begrüßung:

V Wir sind heute zusammengekommen, um Maria zu grüßen und um ihre Erwählung zur Mutterschaft am Sohne Gottes Jesus zu betrachten und zu begreifen versuchen. Wir möchten in Marias außergewöhnlichem Weg im Plan Gottes und ihrer Antwort darauf auch unsere Berufung für Gott auf unsern so ganz verschiedenen Wegen neu erkennen und uns vertieft darauf einlassen.
Hören wir eine Meditation, die davon spricht.

1. Sprecherin:
Gepriesen bist du, Maria, unter allen Frauen, von Gott, Jungfrau aus Israel.
Als Erste hast du das andere Leben gewählt.
Du wähltest alles.

2. Sprecherin:
Gepriesen bist du, Maria, unter allen Frauen von Gott,

Erstgerufene, heilige Aussteigerin,
aus Israels Ordnung und Recht,
aus der messianischen Hoffnung selbst.
Du wähltest den Auszug in die neue Freiheit,
im Schatten der Wolke.

3. Sprecherin:
Gepriesen bist du, Maria, unter allen Frauen von Gott,
Du hast die Feuersäule gewählt,
sie senkte sich nieder auf dich
und ruht nun fortan auf dir,
dem Offenbarungszelt Kirche.

Lesung: (Lk 1,26-38)
Im sechsten Monat wurde der Engel Gabriel von Gott in eine Stadt in Galiläa namens Nazaret zu einer Jungfrau gesandt. Sie war mit einem Mann namens Josef verlobt, der aus dem Haus David stammte. Der Name der Jungfrau war Maria. Der Engel trat bei ihr ein und sagte: Sei gegrüßt, du Begnadete, der Herr ist mit dir. Sie erschrak über die Anrede und überlegte, was dieser Gruß zu bedeuten habe. Da sagte der Engel zu ihr: Fürchte dich nicht, Maria; denn du hast bei Gott Gnade gefunden. Du wirst ein Kind empfangen, einen Sohn wirst du gebären: dem sollst du den Namen Jesus

geben. Er wird groß sein und Sohn des Höchsten genannt werden. Gott, der Herr, wird ihm den Thron seines Vaters David geben. Er wird über das Haus Jakob in Ewigkeit herrschen und seine Herrschaft wird kein Ende haben. Maria sagte zu dem Engel: Wie soll das geschehen, da ich keinen Mann erkenne? Der Engel antwortete ihr: Der Heilige Geist wird über dich kommen, und die Kraft des Höchsten wird dich überschatten. Deshalb wird auch das Kind heilig und Sohn Gottes genannt werden. Auch Elisabet, deine Verwandte, hat noch in ihrem Alter einen Sohn empfangen; obwohl sie als unfruchtbar galt, ist sie jetzt schon im sechsten Monat. Denn für Gott ist nichts unmöglich. Da sagte Maria: Ich bin die Magd des Herrn; mir geschehe, wie du es gesagt hast. Danach verließ sie der Engel.

1. Sprecherin:
Maria, Jungfrau aus Israel, sprich du selbst zu uns. Wie war es, als der Engel kam und dich so außerordentlich begrüßte?

2. Sprecherin:
Ich erschrak. Und als er sprach, dass ich Mutter eines Sohnes werden sollte, besann ich mich und dachte nach.

3. Sprecherin:
Du wolltest dich mit keinem Mann verbinden, das war in Israel nicht üblich. Warum nicht?

2. Sprecherin:
Die Frauen meines Volkes hofften alle, die Mutter des erwarteten Messias zu werden. Das war ihr Lebenssinn und ihre Hoffnung. Das ganze Volk verstand den Sinn der Ehe nicht anders.
Es war Gottes Ruf an mich, allein und frei zu bleiben. Auch ohne dass ich wissen konnte, warum.

1. Sprecherin:
Du warst unerhört mutig gegen die allgemeine Ordnung, gegen das Bewusstsein der Öffentlichkeit von ganz Israel, diesen Alleingang zu wagen.

2. Sprecherin:
Josef, der Mann aus dem Geschlecht Davids, war nach Gottes Absicht mein Beschützer, nach außen mein Verlobter und so wusste niemand, dass ich ehelos blieb.
Darum meine Frage an den Engel:
„Wie soll das geschehen, dass ich Mutter werden soll, wo ich keinem Mann gehöre?"

V Durch diese zögernde Frage bekennt sich Maria zu immerwährender Jungfrauschaft. Sie will, was sie als ihre Berufung von Gott erkennt, nicht aufgeben, solange sie nicht weiß, was Gott mit dieser, seiner persönlichen Botschaft von ihr verlangt.
„Du hast die Feuerwolke gewählt, sie senkte sich nieder auf dich." In diesem Bild der letzten Strophe des Gedichtes wird Marias Erwählung zeichenhaft in der Geschichte Israels, seinem Auszug aus Ägypten, gesehen. Bei Tag zog Gott in einer Wolkensäule und bei Nacht in einer Feuerwolke ihnen voraus.
„Der Heilige Geist wird dich überschatten", sprach der Engel zu Maria. Und wie er über dem Offenbarungszelt der Israeliten ruhte, so ruht er jetzt über ihr. Sie ist das Zelt der Offenbarung Gottes in ihrem Sohn Jesus. Hören wir still und gesammelt nochmals, wie ein Gedicht uns dies darstellt:

Gedicht:
Gepriesen bist du, Maria, unter allen Frauen von Gott.
Du hast die Feuerwolke gewählt.
Sie senkte sich nieder auf dich und ruht fortan über dir, dem Offenbarungszelt Kirche.

Evtl. Lesung: Exodus 13,21-22

Fürbitten:

1. Sprecherin:
Maria, Mutter Jesu Christi, du hast im Heiligen Geist die Berufung zum jungfräulichen Leben für Gott gewählt, lass uns in unserem Dasein und Schaffen immer den Willen Gottes wählen, soweit wir ihn erkennen.
A Gegrüßet seist du, Maria, voll der Gnade, der Herr ist mit dir, du bist gebenedeit unter den Frauen, und gebenedeit ist die Frucht deines Leibes, Jesus.

2. Sprecherin:
Maria, Mutter der Menschen, erbitte uns von deinem Sohn den Mut, klar den Glauben an Christus zu wählen, und sich zu ihm zu bekennen, wenn es darauf ankommt.
A Gegrüßet seist du, Maria, ...

3. Sprecherin:
Maria, Mutter der Kirche, auch sie ist wie du von Gott erwählt, das Zelt seiner Herrlichkeit in Jesus Christus. Lass sie hören auf ihn, wenn er uns Willen und Ratschluss Gottes in der Wirrnis der gegenwärtigen und kommenden Zeit offenbaren will.
A Gegrüßet seist du, Maria, ...

Schlussgebet:
Maria, Mutter unseres Herrn Jesus Christus, Jungfrau aus Israel. Nimm an unseren Dank und unseren Lobpreis. Du hast Gott gewählt, denn Gott hat dich zuvor erwählt. Dein Herz hatte seinen Ruf empfangen, ihm ganz zu gehören. Ohne zu zögern, nahmst du die Unsicherheit des außerordentlichen Daseins in dich auf. Zieh uns durch deine Hingabe in die Liebe zum dreifaltigen Gott, der auch uns erwählt und bestimmt hat, ihm zu gehören in Christus von Ewigkeit zu Ewigkeit Amen.

Musik zum Ausklang oder Magnificat (GL 689)

Silja Walter

Die Ankündigung der Geburt Jesu

Benediktinerinnenkloster Fahr/Schweiz

Einstimmung: Musik, besinnlich-freudig

Begrüssung

Lied: Wind kannst du nicht sehen (S.123)

Frage an Maria:

1. Sprecherin:
Maria, ich habe dich lange nicht gekannt. Ich habe gedacht, dass, wer dich verehrt, Jesus sein Teil entzieht. Und dann habe ich über viele Jahre hinweg auch noch ihn verloren.
Jetzt bin ich zurückgekehrt, und auf meinem Weg ins Leben suche ich nun auch dich, Maria.
Wie hat das begonnen zwischen Gott und dir?

2. Sprecherin:
Hört! Der Evangelist Lukas berichtet uns (Lk 1,26-33)

3. Sprecherin:
Im sechsten Monat wurde der Engel Gabriel von Gott in eine Stadt in Galiläa namens Nazaret zu einer Jungfrau gesandt. Sie war mit einem Mann namens Josef verlobt, der aus dem Haus David stammte. Der Name der Jungfrau war Maria. Der Engel trat bei ihr ein und sagte:

2. Sprecherin:
Sei gegrüsst, du Begnadete, der Herr ist mit dir.

3. Sprecherin:
Sie erschrak über die Anrede und überlegte, was dieser Gruss zu bedeuten habe. Da sagte der Engel zu ihr:

2. Sprecherin:
Fürchte dich nicht, Maria, denn du hast bei Gott Gnade gefunden. Du wirst ein Kind empfangen, einen Sohn wirst du gebären: dem sollst du den Namen Jesus geben. Er wird gross sein und Sohn des Höchsten genannt werden. Gott, der Herr, wird ihm den Thron seines Vaters David geben. Er wird über das Haus Jakob in Ewigkeit herrschen und seine Herrschaft wird kein Ende haben.

Kurze Stille

2. Sprecherin:
Hört den Engel Gabriel: Ave Maria! Freue dich, Maria!

Alle:
Freue dich, Maria!
Himmel und Erde küssen sich in dir.
Dein Gott Jahwe, der Ich-bin-da, ist mit dir.

Gepriesen bist du unter den Menschen,
du Erste aller Menschen,
hoch gepriesen, denn du trägst uns das Leben aus:
Jesus, unseren Retter, Christ.

Heilige Maria, Mutter des Lebens,
wir sind dem Leben noch fern;
kräftig umschließe uns
und in deiner Umarmung führe uns
und ziehe uns hinein
in das ewig neue Leben hier und jetzt.

Von heute an gehen wir mit dir
durch das Gute und das Ungute
und unseren Tod hindurch
in das Leben, das nie zu Ende ist.
Amen.

Das Wunder der Liebe

1. Sprecherin:
Maria, Mutter des Lebens? Mutter des Lebens hier und jetzt, das nie zu Ende geht?

2. Sprecherin:
Maria war Jüdin. Tochter des Volkes, das das Wort verehrt. Weil Gott im Wort bei ihm ist und es durch seine Geschichte führt. Hört!

3. Sprecherin:
Aus der Schrift spricht Gott zu dir,
dass er nicht mehr zögern und
bald kommen werde,
wie der Tau auf dürre Erde,
liest du in der Rolle
der Propheten.
Und dein Herz fängt an zu beten.

1. Sprecherin:
Was liest Maria?

2. Sprecherin:
Zum Beispiel ... Jesaja (Jes 7,14). Hört!

3. Sprecherin:

Von sich aus wird euch der Herr ein Zeichen geben: Seht, die Jungfrau wird ein Kind empfangen, sie wird einen Sohn gebären, und sie wird ihm den Namen Immanuel (Gott mit uns) geben.

2. Sprecherin:

Immanuel.
Immanuel heisst: Gott ist mit uns. Noch und noch strömt die liebende Zusage Gottes aus den Rollen der Propheten, aber das ist nicht genug. Es genügt nicht. Es braucht auf der Erde den Menschen, der Antwort gibt.
Habt ihr es gehört? Habt ihr vernommen, was Maria tut? Ihr Herz fängt an zu beten!
Hört, was es sagt!

3. Sprecherin:

Sagt dem Allerhöchsten scheu und offen,
dass er doch die Welt nicht mehr vergeblich hoffen lasse,
dass er vielmehr sein Versprechen
an die alten Väter und Propheten halten
möge und erfülle.

Stille

1. Sprecherin:
Jetzt muss ich ganz an den Anfang zurück.
Pause. Langsam, zögernd sprechen.
Am Anfang ist Gott.
Und dieser Gott liebt.

2. Sprecherin:
Das ist nicht selbstverständlich. Er müsste nicht

1. Sprecherin:
Und dieser Gott liebt.
Darum erschuf er die Welt und erschafft sie noch immer.

2. Sprecherin:
Das ist nicht selbstverständlich. Er müsste nicht!

1. Sprecherin:
Und er blieb, auch als so vieles, manchmal mit dem Menschen, den Bach hinunterging, blieb er. Er bleibt.

2. Sprecherin:
Er müsste nicht!

1. Sprecherin:
Er blieb. Es war Sehnsucht nach dem Menschen, nach jedem Einzelnen, egal, ob Mann, ob Frau, Kind, arm oder reich, ob schuldig oder unschuldig, er blieb. Er blieb und hörte nicht auf, im Mund der Prophetinnen und Propheten Sehnsucht nach uns allen zu sein.

2. Sprecherin:
Er müsste nicht!

1. Sprecherin:
Wer versteht die Worte eines Liebenden?
Wer?
Nur, wen die Sehnsucht ebenso erfüllt! Nur, wer selber liebt, hört durch die Buchstaben, Wörter, durch all die Bilder und Schriftrollen hindurch. Hört sich dorthin hindurch, wo alles begonnen hat, lebt und liebt Gott.
Lauter, aufgeregt, freudig:
Maria, du! Du bist der Mensch, der Gottes Sehnsucht Antwort gibt. So liebst du, du wusstest es nicht, wusstest nicht, junge Frau aus Nazaret, dass du wie keiner der Gelehrten verstanden hast, was du gelesen, was man dir vielleicht auch nur vorgelesen hat. Ohne es zu ahnen, hast du Gottes Sehnsucht wie keiner und keine zuvor verstanden; weil du liebst: Gott und seine Welt,

die Menschen und dich selbst liebst, verstehst du sie. Und dein Herz fängt an zu beten.
Und es betet ohne Unterlass und es hört nicht auf zu beten, wenn du Feuer anfachst oder am Morgen die Decken ausschüttelst oder deiner kleinen Schwester die Nase putzt; dein Herz betet und du weißt es nicht. Du weißt nicht, dass du der erste neue Mensch geworden bist ... des Himmels so lange ersehnter Kuss.

2. Sprecherin:
Hätte nicht so sein müssen.

1.Sprecherin:
Die Erde ist bereit. Das Leben, das nie zu Ende geht, beginnt. Hört, was nun geschieht:

3. Sprecherin:
Lautlos
öffnet sich die Tür.
Jahwes Engel tritt herein.

1. Sprecherin:
Der Himmel neigt sich fragend zur Erde, Maria sagt:

3. Sprecherin:
Ich bin die Magd des Herrn; mir geschehe, wie du es gesagt hast.

1. Sprecherin:
Die Erde sagt Ja.

3. Sprecherin:
Gott muss solchem Beten
einer solchen Magd
zu Willen sein.

Kurze Stille

2. Sprecherin:
Das Wunder der Liebe hätte nicht sein müssen. Aber es ist.

Stille

Lied: Mädchen, du, in Israel (S.116) oder: Erhebt in vollen Chören Maria (S.111)

Dank und Lob

Alle:
Heilige Maria, Mutter des Lebens, wir danken dir, wir loben dich,
du bist der Mensch, wie Gott ihn sich von Anfang an ausgedacht.

Heilige Maria, Mutter Jesu, wir verehren dich, wir preisen dich,
du hast Gottes Ankunft auf Erden möglich gemacht.

Heilige Maria, Mutter der Menschen, schließe uns kräftig in deiner Liebe ein
und ziehe uns hinter dir her zu Jesus, deinem Sohn, ins Leben.
Amen.

1. Sprecherin:
Heilige Maria, danken wir dir je genug für Jesus, unser Leben?

Menschliche Ohnmacht

Drei Sprecherinnen, abwechselnd:

Maria, ich kann nicht danken:
Ich bin eine Mutter. Doch mein Kind findet seinen Weg nicht. Es schnürt mir das Herz ein. Ich atme nicht mehr. Ich kann nicht vertrauen so wie du.

Und ich bin eine Berufsfrau und die Anforderungen reiben mich auf. Ich kann nicht auf Gottes Wort hören so wie du.

Ich bin einsam. Niemand will mit mir zusammen sein. Ich kann nicht Ja sagen so wie du.

Und ich zerbreche an meiner Arbeitslosigkeit. Wann darf ich einen anderen grosszügig beschenken? Ich kann nicht wie du Zukunft gestalten.

Mich hat mein Partner verlassen, und dies, nachdem ich zwei Jahre für ihn gekocht und ihn gesund gepflegt habe. Ich bin voller Wut. Ich kann nicht lieben so wie du.

Und ich bin ein Mann. Auch mich zerreibt meine Arbeit, die Angst vor dem Aus; auch mich überfordert meine Partnerin; auch mich erdrückt die Sorge um mein Kind.

Alle Sprecherinnen zusammen:
Wir sind ohnmächtig, Maria! Wir können nicht beten so wie du!

Stille

Der Weg ins Leben

1. Sprecherin:
Nein, es gibt keine schnelle Antwort.
Aber es gibt einen Weg auf der Erde, da ist der Himmel darin: Jesus Immanuel.

Alle:
Ich mache meinen Blick fest in dir,
Jesus, mein Retter, mein Christus,
und folge dir, und mag es nur ein Stolpern sein,
in jede noch so unbeachtete Nische meines Lebens hinein.

In der Stille meines Gebets
übergebe ich dir meine Angst und meine Freude.
Jeden Tag, jede Stunde, jede Minute
will ich es tun.
Hilf mir, dass ich es kann.

Dann geht mir staunend sachte auf,
manchmal erst im Nachhinein bemerkt,
manchmal erdrutschartig plötzlich,
dass mitten in alles, was gut ist, und auch,
was nicht gut ist,
deine helle Wärme einbricht ...

... und ich spüre, dass in allem, so wie es ist,
mein Herz dankbar und in Liebe angefangen hat zu beten.
Auch für mich kleiner Mensch gilt jetzt dein großes Wort:

Freue dich, Maria!
Himmel und Erde küssen sich in dir.
Dein Gott Jahwe, der Ich-bin-da, ist mit dir.

Lied: Wer leben will wie Gott auf dieser Erde (GL 183)

Bitten an den Gott des Lebens

3. Sprecherin:
Die heilige Gertrud von Helfta schreibt in ihren Offenbarungen dem „Gesandten der göttlichen Liebe" (III, 3):

Immer wenn sich ein Mensch der Güte Gottes übergibt,
sich seiner Gnade und Vorsehung anvertraut,
dann wird der Herr ihn in seine besondere Obhut nehmen.

Aus dieser Zusage heraus beten wir:

Sprecherinnen, abwechselnd:
Deinem ersten großen Ja, Maria, sind die unzähligen kleinen Ja des Alltags gefolgt, die vielleicht oft schwerer zu sprechen waren als das Ja des Anfangs. Hilf uns, ausdauernd und vertrauend täglich neu zu unseren unterschiedlichsten Ja zu finden.
A Stärke uns, Maria!

Das unermessliche Elend auf dieser Erde lässt so viele Menschen die Liebe Gottes verneinen, und das stürzt sie erst recht in die Hoffnungslosigkeit. Lass uns zu

Menschen werden, deren Tatkraft und innere Freude Spuren der göttlichen Liebe sind.
A Stärke uns, Maria!

So vielen Menschen erzählt niemand mehr von dir, Gott, und erst recht nicht davon, dass du aus Liebe zu uns Mensch geworden bist. Mache uns mutig und erfinderisch, damit wir von deiner Sehnsucht nach uns Menschen laut und klug Zeugnis ablegen.
A Stärke uns, Maria!

Das eine große Ja der Liebe enthält das große Nein zu allen Formen von Lieblosigkeit und Gewalt, in uns selbst und in der Welt. Hilf uns dort, wo Menschen durch physische oder psychische Gewalt entwürdigt werden, entschieden Nein zu sagen. Gib uns einen wachen Blick dafür, vor allem, wenn auch wir subtil daran beteiligt sind.
A Stärke uns, Maria!

Es gibt Leiden, die sind für einen Mensch zu groß. Sie überwältigen ihn und lassen ihn verstummen. Er teilt sich nicht mehr mit. Sei diesen Menschen ganz besonders nahe, Maria, und mache uns feinfühlig für ihre Not und Verzweiflung. Zeige uns, wie wir ihnen nahe sein können.
A Stärke uns, Maria!

So unscheinbar unser Leben vor uns selbst und vor anderen auch aussehen mag: Das Ja zu unserem Leben, zu unserer ganz persönlichen Geschichte mit Gott, macht es groß. Es macht uns groß.
Stärke uns, Maria, vor uns selbst! Lehre uns die unverbrüchliche Achtung vor unserem je eigenen Weg ins Leben hier und jetzt zu Gott.
A Stärke uns, Maria!

2. Sprecherin:
Der dreieinige Gott birgt dich in seiner unendlich weiten Liebe, Maria. Birg auch du uns in deiner tatkräftigen und stillen Liebe, denn nur, wer in einer noch größeren Liebe geborgen ist, kann sich selbst und seine Nächsten lieben.Amen.

Lied: Maria, breit den Mantel aus (GL 595; KG 763) oder Freu dich, du Himmelskönigin (GL 576; KG 755)

Verabschiedung

Segen:
Es segne uns der dreieinige Gott,
die Quelle der Liebe, die uns Vater und Mutter ist,
Jesus, Wunder und Weg in die Liebe,

und die heilige Geistkraft,
die alles in und um uns in Leben verwandelnde Liebe,
Amen.

Freudige Musik

Monika Hemri

„Der Herr ist mit dir!"

Franziskanerinnen vom heiligen Martyrer Georg, Thuine

Eingangslied: Gegrüßet seist du, Königin (GL 573, 1+3+5; KG 758)

Einführung:

Ein gutes Wort tut gut:

Du bist mir wichtig. – Ich mag dich. – Ich liebe dich. – Du siehst gut aus. – Mich interessiert deine Meinung. – Deine Freundschaft ist mir wichtig. – Ich traue dir das zu. – Du schaffst das.

Ein gutes Wort verändert das Klima um uns herum und auch tief in uns drinnen.

Das hat Maria erfahren, als der Engel des Herrn zu ihr kam, als er ihr eine wirklich gute Nachricht brachte. Schon die Anrede hat ihr gut getan: „Du bist voll der Gnade, der Herr ist mit dir!" Das hatte vorher noch niemand zu ihr gesagt.

„Der Herr ist mit dir!" (Lk 1,28) – Dieses Wort des Engels steht über dem Leben Marias; es ist die Verheißung von Gottes Nähe und Gegenwart.

Dieses Wort soll auch im Mittelpunkt dieser Andacht

stehen. Und ich möchte Sie einladen, der Frage nachzugehen, was dieser Gruß, dieses Versprechen für unser Leben, für mein Leben, bedeutet.
Hat mir Maria etwas über meinen Weg mit Gott zu sagen? Kann dieses (gute) Wort auch zum Schlüssel werden, das unser Leben, das mein Leben, erschließt?

Kurze Stille

Lied: Maria, Mutter unseres Herrn (GL 577,1-3; KG 766)

Gebet:
Lasset uns beten:
Gott, unser Vater.
Maria durfte in ihrem Leben immer wieder erfahren, wie beglückend und zugleich herausfordernd die Begegnung mit dir ist. Sie konnte selbst kaum begreifen, was mit ihr geschah, als dein heiliger Engel ihr die gute Nachricht brachte, ihr die Verheißung zusprach: „Der Herr ist mit dir!" Doch machte sie sich auf den Weg, im Glauben an das Geheimnis. Darum schauen wir mit Dankbarkeit auf ihr Leben. Durch Maria erfahren wir das Geheimnis auch unseres Lebens. Das macht Mut und schenkt Hoffnung. Denn auch wir dür-

fen auf deinen Beistand hoffen und dich erfahren als den Anfang, die Mitte und das Ziel unseres Weges. Wir bitten dich: Öffne unser Ohr, damit auch wir hören, wenn du zu uns sprichst. Gib uns einen klaren Blick, damit wir dich erkennen, wenn du im Nächsten auf uns zukommst. Lass auch unser Vertrauen zu dir wachsen, damit auch wir deine Liebe und Güte weiterschenken können. Das erbitten wir durch Christus, unseren Herrn. Amen.

Schriftlesung: Lk 1,26-30
Im sechsten Monat wurde der Engel Gabriel von Gott in eine Stadt in Galiläa namens Nazaret zu einer Jungfrau gesandt. Sie war mit einem Mann namens Josef verlobt, der aus dem Haus David stammte. Der Name der Jungfrau war Maria. Der Engel trat bei ihr ein und sagte: Sei gegrüßt, du Begnadete, der Herr ist mit dir. Sie erschrak über die Anrede und überlegte, was dieser Gruß zu bedeuten habe. Da sagte der Engel zu ihr: Fürchte dich nicht, Maria; denn du hast bei Gott Gnade gefunden.

Meditation (Willi Hoffsümmer):
„Der Herr ist mit dir!"
Mit diesem Wort grüßt der Engel Maria bei der Verkündigung.
Dieser Gruß steht über dem ganzen Leben von Maria.

Und es ist mehr als nur ein Gruß – es ist ein Versprechen, eine verbindliche Zusage, die das Leben Mariens verändert und zugleich erfüllt:
Der Herr ist mit dir! – Das ist die Zusage – ein gutes Wort: Fürchte dich nicht; du brauchst keine Angst zu haben! – Du wirst es schaffen! – Du bist nicht allein!
Der Herr ist mit dir – Es ist Gott selber, der bei dir ist. Er ist nicht irgendwo, sondern er ist nahe bei dir. Er selbst ist dir Begleitung:
Der Herr ist mit dir!
Immer wieder hat Gott sich Menschen zugewandt, Menschen seine Gegenwart verheißen:
– Als der Herr Moses am brennenden Dornbusch ruft, hat dieser Bedenken. Doch der Herr spricht zu ihm:"
„Ich bin der ‚Ich bin da'". „Ich bin mit dir." (Ex 3,12)
– Jeremia, der große Prophet, wehrt sich gegen die Berufung durch den Herrn. Da spricht Gott zu ihm: „ ... was ich dir auftrage, sollst du verkünden! Fürchte dich nicht..., denn ich bin mit dir." (Jer 1,7-8)
– Auch Paulus hört in Korinth das Wort Gottes, das ihm Zuversicht verheißt: „Fürchte dich nicht. Rede nur, schweige nicht! Denn ich bin mit dir." (Apg 18, 9-10)
– Und nun ist es Maria, deren Leben Gott mit seiner Gegenwart erfüllt: „Der Herr ist mit dir."
In ihr erfüllt sich das \Wort des Propheten Jesaja: Seht,

die Jungfrau wird einen Sohn gebären und man wird ihn Emmanuel nennen, das heißt: Gott ist mit uns.

„Der Herr ist mit dir." – Ob Moses, Jeremia, Paulus oder Maria (oder auch noch Andere in der heiligen Schrift) – stets ist es Gott selbst, der die Initiative ergreift.
Er selbst spricht den Menschen an, möchte den Menschen durch seinen Anspruch in Anspruch nehmen, möchte den Menschen für seinen Anspruch begeistern. Gott ist es, der den Anfang macht. In der ganzen Geschichte Israels ist Jahwe derjenige, der für sein Volk da ist, der schützt, der es führt, der Erbarmen schenkt, der einen Neuanfang möglich macht.
Was er braucht?
Empfängliche Menschen, die offen sind für seinen Anspruch, begeisterungsfähige Menschen, die sich einlassen auf sein Wort, schöpferische Menschen, offen für seine unerschöpflichen Möglichkeiten, tatkräftige Menschen, durch die seine Gedanken Hand und Fuß bekommen, menschliche Gestalt annehmen; kurz: er braucht Menschen wie Maria.
Sie hört das Angebot des Engels; sie erkennt darin die Stimme Gottes. Und sie antwortet nicht mit „wenn" und „aber" und „vielleicht". Sie fragt nur: „Wie?" – „Wie soll das geschehen?" Und dieses „Wie?" enthält bereits ihr „Ja!"

Maria lebt aus der Zusage der Nähe des Herrn. Das Magnifikat ist ein Lobpreis auf Gottes Größe und Güte, dessen Nähe sie in ihrem Leben erfährt. Seine Gegenwart gibt ihr Kraft und Zuversicht auch in schweren Tagen und Stunden. Und auch die bleiben ihr ja wahrlich nicht erspart.

Auch über unserem Leben steht das (gute) Wort: „Der Herr ist mit dir!“
Paulus grüßt die Christen in Thessalonich mit dem Wort: „Der Herr sei mit euch allen!“ (2 Thess 3,16) .
In jedem Gottesdienst hören wir diesen Satz: Der Herr sei mit euch! Und das ist nicht nur ein frommer Wunsch, sondern vielmehr eine handfeste Zusage:
Gott ist auch bei uns, in unserem Leben. Ja, der Herr ist mit uns! Er steht zu uns, neben uns, hinter uns, er ist unser Wegbegleiter durchs Leben. Auch wir heute dürfen Gottes Nähe und Gegenwart erfahren.
Jeder von uns – du und ich.
Der Herr ist mit uns - mit jedem von uns ganz persönlich, mit unserem jeweils eigenen Lebensweg!
Auch heute noch steht am Anfang – Gott! Er ergreift auch heute die Initiative, spricht uns an. Wir dürfen – wie Maria – darauf vertrauen, dass Er uns beisteht – besonders dort ...

– … wo wir bald an unsere Grenzen stoßen;
– … wo manches über unsere Kräfte geht und uns den Mut rauben will;
– … wo wir uns gefesselt fühlen durch Ängste, Verpflichtungen, Sorgen;
– … wo wir in Schuld verstrickt sind.

„Der Herr ist mit dir!"
Diese Zusage ist wie eine Krücke, an der wir uns festhalten können. Sie ist wie ein Geländer, an dem wir uns entlanghangeln können. Sie ist wie ein Kompass, der die Richtung vorgibt.
Sie ist wie eine Schutzhütte, in die wir uns vor Stürmen und Gewittern des Lebens zurückziehen können.
Ja, Gott ist ein Gott der Treue. Er ist mit uns.
Er ist es, der uns Rückendeckung und Halt gibt, der uns aber auch die Kraft gibt, Mauern zu durchbrechen und Erstarrtes aufzulockern, der uns den Mut schenkt, Neues zu wagen und Ungewohntes zu riskieren, der ein Interesse daran hat, dass unser Leben gelingt.
Der Herr sei mit euch! – In den Gemeinden Brasiliens und auch Portugals begegnen die Christen diesem Gruß mit der Antwort: „Er ist mitten unter uns." Damit bekennen sie (und sprechen das auch so deutlich aus) die Gegenwart des auferstandenen Herrn inmitten

ihrer gottesdienstlichen Gemeinde. Sie vergegenwärtigen dabei sein Wort: „Wo zwei oder drei in meinem Namen versammelt sind, da bin ich mitten unter ihnen.“ (Mt 18,20)
Was an Maria geschehen ist, ist also auch uns verheißen: Auch wir dürfen/sollen wie Maria offen sein für den Anspruch Gottes. Denn auch uns ist verheißen: Der Herr ist mit uns! Moses, Jeremia, Paulus, Maria u.a. haben es uns vorgelebt: Ein Leben, das geprägt ist von Gottes Gegenwart, ist ein reiches und erfülltes Leben.

Lied: Danket dem Herrn/Magnificat (GL 688, 689)

Fürbitten

Maria vertraute auf die Hilfe Gottes. Auch wir wenden uns voller Zuversicht an ihn:

Für alle Menschen, die alleine sind und niemanden haben, der ihnen beisteht: Lass ihnen durch Maria einen Stern der Hoffnung aufgehen.

Für all jene, die vor einer wichtigen Entscheidung stehen: Zeige ihnen den richtigen Weg.

Für alle jungen Menschen, die auf der Flucht vor sich selber sind, die dem Leben davonlaufen wollen: Gib du ihnen neue Lebenskraft und neuen Lebensmut.

Für unsere Familien: Mache sie zu Oasen der Geborgenheit, des Lichtes und der Lebensfreude.

Für alle, die in eine Sackgasse geraten sind: Gib ihnen den Mut zur Umkehr.

Für alle, die deine Gegenwart nicht spüren: Lass sie deinen Beistand erfahren.

Für uns alle: Erfülle auf die Fürbitte Marias hin auch unser Leben mit deiner Gegenwart.

Für unsere Verstorbenen: Führe sie in das Land der Verheißung, des Lichtes und des Friedens; nimm sie auf in deine Liebe.

Herr, unser Gott, wir danken dir, dass du zu uns immer Ja sagst. Du bist unsere Zukunft. Dafür danken wir heute, morgen und in Ewigkeit. Amen.

Überleitung zum Vaterunser

„Der Herr ist mit dir.“ - Dieses Wort hat sich im Leben Marias erfüllt. Gottes Gegenwart hat ihr Leben reich gemacht. Beten wir zu ihm, unserem Vater, dass dieses Wort auch über unserem Leben stehe.

Vater unser ...

Gegrüßet seist du, Maria, ...

Verabschiedung und Segen

Lasset uns beten mit den Gedanken jenes Menschen, der sich auf die Gegenwart Gottes eingelassen hat und sie erfahren hat (Ps 139,1-5.24b):
Herr, du hast mich erforscht und du kennst mich.
Ob ich sitze oder stehe, du weißt von mir.
Von fern erkennst du meine Gedanken.
Ob ich gehe oder ruhe, es ist dir bekannt;
du bist vertraut mit all meinen Wegen.
Noch liegt mir das Wort nicht auf der Zunge – du, Herr, kennst es bereits.
Du umschließt mich von allen Seiten
und legst deine Hand auf mich.
Leite mich auf dem altbewährten Weg.

Ein gutes Wort tut gut. Segen heißt auch „Gutes sagen." - Bene-dicere. Bitten wir Gott, dass er uns Gutes sagt, bitten wir um seinen Segen:

An diesem heutigen Tag, einem ganz gewöhnlichen und zugleich einmaligen, sei Gottes lebendiger Segen mit dir und uns und allen.
An diesem heutigen Tag, einem so durchschnittlichen, und doch unwiederholbaren, sei Gottes treuer Segen mit dir und uns und allen.
An diesem heutigen Tag, einem von vielen im Laufe des Lebens, und wahrhaft einzigartigen, sei Gottes stärkender Segen mit dir und uns und allen.
An diesem heutigen Tag, einem kleinen Abschnitt unseres Lebensweges und Lebenswerkes sei Gottes behütender Segen mit dir und uns und allen.
An diesem heutigen Tag, segne der ewige treue, wahrhaft geheimnisvolle Gott mit allem Segen des Himmels und der Erde dich und uns und alle.
Es segne und behüte uns der dreifaltige Gott, der Vater, der Sohn und der Heilige Geist.

Schlußlied: Wunderschön prächtige (S.124)

Maria – Gottes neuer Anfang in dieser Welt – Eine Maiandacht in sieben Bildern

Franziskanerinnen vom heiligen Martyrer Georg, Thuine

Begrüßung

Lied: Gegrüßet seist du, Königin (GL 573,1; KG 758)

Gebet:
Gott, wir sind zusammengekommen, um dich zu preisen und dir zu danken für Maria, die Mutter Jesu. Sie ist den Weg gegangen, den du sie geführt hast. Sie hat ihr Ja gesagt zu dem, was du mit ihr vorhattest. So ist sie uns zum Vorbild geworden, zum Vorbild im Glauben und Vertrauen. Wir möchten ihr ähnlich werden. Deshalb bedenken wir hier ihr Leben. Wir bitten dich: Öffne unsere Ohren und unsere Herzen, damit wir deinen Ruf hören und das Richtige tun. Amen.

1. Der Engel verkündet Maria die Botschaft
Gott sandte seinen Engel Gabriel nach Nazaret. Und der Engel hatte den Auftrag, einem Mädchen zu er-

scheinen. Sie war verlobt mit einem Mann, der Josef hieß, ein Zimmermann war und aus dem Hause Davids stammte. Das Mädchen hieß Maria. Der Engel Gabriel trat zu ihr und sprach: „Sei gegrüßt, du Begnadete, der Herr ist mit dir." Maria erschrak sehr über diese Rede. Welch ein Gruß war das? Und der Engel sprach weiter: „Fürchte dich nicht, Maria. Du hast Gnade bei Gott gefunden." „Gnade bei Gott", dachte Maria, „was bedeutet das?" „Siehe", sprach der Engel, „du wirst schwanger werden und einen Sohn gebären, und du sollst ihm den Namen Jesus geben."
Was hier an Maria geschehen soll, ist ein neuer Schöpfungstag: Gott setzt einen neuen Anfang.

Lied: Sagt an, wer ist doch diese (GL 588,1)

Sprecherin: Ich bringe den Engel zu dir, Maria, und bitte dich für alle Menschen in Not: Sende ihnen einen guten Engel.

2. Maria begegnet Elisabet

Während ihrer Schwangerschaft besucht Maria ihre Verwandte Elisabet. Sie will ihre Freude, ihre Fragen, mit Elisabet teilen.
Wir hören aus dem Lukasevangelium:

Sie ging in das Haus des Zacharias und begrüßte Elisabet. Als Elisabet den Gruß Marias hörte, hüpfte das Kind in ihrem Leib. Da wurde Elisabet vom Heiligen Geist erfüllt und rief mit lauter Stimme:
Gesegnet bist du mehr als alle anderen Frauen, und gesegnet ist die Frucht deines Leibes. Wer bin ich, dass die Mutter meines Herrn zu mir kommt?
In dem Augenblick, als ich deinen Gruß hörte, hüpfte das Kind vor Freude in meinem Leib. Selig ist die, die geglaubt hat, dass sich erfullt, was der Herr ihr sagen ließ.

Lied: Mutter Gottes, wir rufen zu dir (S.119)

Sprecherin: Ich bringe das Kind zu dir, Maria. Es lebt erst seit wenigen Wochen im Leib seiner Mutter. Schütze du, Maria, alle ungeborenen Kinder.

3. Die heiligen drei Könige huldigen dem Kind

Nicht lange nachdem Jesus geboren war, kamen drei hochangesehene weise Männer aus dem Morgenland nach Jerusalem. Sie kamen zum Königspalast des Herodes und fragten nach dem neugeborenen König: „Wir haben einen Stern gesehen. Wie sind ihm gefolgt, um diesen König anzubeten." Dann schenkten sie dem Kind all ihre Schätze: Gold, Weihrauch und Myrrhe.

Lied: Mutter Gottes … (S.119)

Sprecherin: Ich bringe dir Weihrauch, Maria, und bitte dich: Schenke uns Mut, Hoffnung und Ausdauer, uns in Freud und Leid auf den Weg zu begeben wie die drei Weisen, zu dir und deinem Sohn.

4. Jesus wird in den Tempel gebracht

Josef und Maria hatten ein junges Taubenpaar gekauft. Denn jetzt wurde es Zeit, den kleinen Jesus in den Tempel nach Jerusalem zu bringen, so schrieb es das Gesetz vor.
Aus dem Lukasevangelium hören wir:
Sein Vater und seine Mutter staunten über die Worte, die über Jesus gesagt wurden. Und Simeon segnete sie und sagte zu Maria, der Mutter Jesu:
Dieser ist dazu bestimmt, dass in Israel viele durch ihn zu Fall kommen und viele aufgerichtet werden, und er wird ein Zeichen sein, dem widersprochen wird. Dadurch sollen die Gedanken vieler Menschen offenbar werden.
Dir selbst aber wird ein Schwert durch die Seele dringen.
Als Maria diese Worte hörte, erschrak sie sehr.

Lied: Maria, dich lieben (GL 594, 1+2; KG 764)

Sprecherin: Ich bringe das Licht zu dir, Maria, und bitte dich für alle Eltern, die sich Sorgen machen um ihre Kinder und deren Wohlergehen. Schenke ihnen Trost, Kraft und Hoffnung.

5. Hochzeit zu Kana

Die Jahre kamen und gingen. Jesus war ein Zimmermann geworden, wie sein Vater. Doch dann verließ er das Haus seiner Eltern, ließ sich von Johannes taufen und begann sein öffentliches Wirken. Keine leichte Zeit für Maria.

Lied: Maria, dich lieben (GL 594,3; KG 764)

Sprecherin: Ich bringe dir einen Krug Wasser, Maria. Jesus, dein Sohn, hat daraus Wein zur Freude der Menschen gemacht. Lass uns mit unserem Leben zur Freude anderer beitragen und lass uns über allen Nöten nie die Freude am Leben verlieren.

6. Jesus stirbt am Kreuz

Das Passahfest kam heran. Jesus wollte mit seinen Jüngern in Jerusalem feiern. Er wusste, für ihn ging die

Zeit auf dieser Erde zu Ende, er sollte nun sein Leben für alle Menschen hingeben. Unter den vielen Menschen, die ihm bis nach Jerusalem folgten, war auch seine Mutter Maria. Während fast alle Jünger bei der Gefangennahme Jesu in Getsemane flohen, stand sie mit dem Lieblingsjünger unter dem Kreuz, allen Gefahren und Ängsten zum Trotz. Voller Verzweiflung hob sie die Arme. Ihr Sohn, der ihr als Sohn Gottes verkündigt worden war, sollte am Kreuz sterben. Sie wollte schreien, brachte aber keinen Ton hervor.

Lied: Christi Mutter stand mit Schmerzen (GL 584,1; KG 765)

Sprecherin: Ich bringe das Kreuz zu dir, Maria. Ich bringe damit die Schmerzen, das Leiden, die Verzweiflung unserer Zeit. Bitte für uns, Maria.

7. Pfingsten

Maria war nun aufgenommen in den Kreis der Jünger Jesu. Sie blieben beieinander, beteten und warteten auf den Tag, an dem der Heilige Geist kommen würde, wie Jesus es ihnen versprochen hatte. Am Pfingsttag waren sie wieder alle versammelt. Plötzlich kam ein Brausen vom Himmel wie ein gewaltiger Wind. Es er-

füllte das ganze Haus. Und es erschienen ihnen Zungen wie von Feuer. So wurden sie vom Heiligen Geist erfüllt.
Maria blickte zum Himmel hinauf und dachte an alles, was ihr geschehen war. Erst jetzt verstand sie alles, und sie konnte an Jesus und seinen Tod am Kreuz ohne Schmerz denken.

Lied: Freu dich, du Himmelskönigin (GL 576,1; KG 755)

7.Sprecherin: Ich bringe ein rotes Tuch zu dir, Maria. Es soll ein Zeichen sein für die Liebe. Segne uns Maria.

Gebet: Gegrüßet seist du, Maria, …

Lied: Maria, Maienkönigin (S.117)

Bei Dir, Maria, aufgehoben

Franziskanerinnen von Bonlanden

Lied: Gruß dir, Mutter, in Gottes Herrlichkeit (GL 586, 1+2+4)

Begrüßung/Liturgischer Gruß

Gedanken zum Bild (I):

Gruß dir, Jungfrau, du Gottes heil'ges Zelt.
In deinem Schoß barg sich der Herr der Welt,
der herrscht zur Rechten auf des Vaters Thron,
der Schöpfung Herr und König ward dein Sohn, o Maria.

Fast könnte man meinen, das Lied wäre eine Vertonung dieses Bildes. Oder umgekehrt. Das Bild ein Gestalt-Ausdruck für das Lied. Aber nein!
Zwischen Bild und Lied liegen Jahrzehnte, liegen Kulturen und Tausende von Kilometern.

Claudio Pastro, ein brasilianischer Künstler, hat es gemalt: direkt auf die Wand – wie ein Altarbild – etwa lebensgroß in einer Hauskapelle in São Paulo.
Das Bild, so wie es uns hier vorliegt, ist nicht ganz vollständig: Im Original steht Maria in voller Größe da. Unter

ihren Füßen wälzt sich ein Ungeheuer – schlangenartig – wie alles Bösartige, wie Krieg, Terrorismus, Katastrophen, wie Ausbeutung und Unterdrückung, wie Leid und Elend, wie alles unfassbar Schreck- und Grauenvolle.
Wie ein Ausdruck für alles Lebensfeindliche und Lebensbedrohliche zusammen.
Aber:
Maria steht mittendrin. Aufrecht!

Lied: Ave Maria, du bist voll der Gnade (S.109)

Gedanken zum Bild (II):
Maria steht. Mittendrin. Aufrecht.
So als würde sie uns sagen:
Schaut auf mich – schaut auf den, den ich euch bringe und zeige!
Der sagt euch zu: Aufgehoben!

Alles, was euch erschreckt und ängstigt, was euch bedroht und bedrängt, habe ich euch abgenommen, aufgehoben.Es gilt nicht mehr.

Aufgehoben!
Das ist es, was wir von unserem Glauben her wissen und einander zusagen können. Aber weil wir Menschen sind, brauchen wir auch eine andere Form und Ebene.

Das Wort aufgehoben hat in unserer Sprache ja eine sehr schöne doppelte Bedeutung:
Es meint: aufgehoben im Sinn von gilt nicht mehr, ungültig, bedeutungslos geworden.
und es meint: aufgehoben im Sinn von
daheim sein, dazu gehören, ein Zuhause haben, umsorgt, beschützt, geborgen sein.

Das ist es, was wir brauchen. wir alle: die alten und die jungen Menschen, Kinder und Erwachsene,
Kranke und Gesunde, Schwache und Kraftvolle.

Wir Menschen dürfen dieses Aufgehobensein bei Maria finden. Und dies ist immer wieder neu eine Einladung, es auch einander weiterzuschenken.

Lassen wir uns noch einen Moment lang Zeit, unserer Bedürftigkeit und unserem Aufgehoben-Sein nachzuspüren.

Gebet:
Unter deinen Schutz und Schirm fliehen wir, heilige Gottesmutter.
Verschmähe nicht unser Gebet in unseren Nöten,
sondern errette uns jederzeit aus allen Gefahren,
o du glorwürdige und gebenedeite Jungfrau,
unsere Frau, unsere Mittlerin, unsere Fürsprecherin.
Führe uns zu deinem Sohne,
empfiehl uns deinem Sohne,
stelle uns vor deinen Sohn. Amen.

Lied: Sancta Maria (S.122)

Evangelium: (Joh 14,1-4)
Jesus sagte: Euer Herz lasse sich nicht verwirren. Glaubt an Gott, und glaubt an mich!
Im Haus meines Vaters gibt es viele Wohnungen. Wenn es nicht so wäre, hätte ich euch dann gesagt: Ich gehe, um einen Platz für euch vorzubereiten?
Wenn ich gegangen bin und einen Platz für euch vorbereitet habe, komme ich wieder und werde euch zu mir holen, damit auch ihr dort seid, wo ich bin. Und wohin ich gehe – den Weg dorthin kennt ihr.

Liedruf: Confitemini Domino (S.110)

Gebet:
Guter Vater,
du hast in uns die Sehnsucht hineingelegt,
aufgehoben zu sein –
eine Heimat, ein Zuhause zu haben.
Wir loben und preisen dich für Maria,
für alle Engel und Heiligen,
für die Menschen, die du uns an die Seite gibst.

Wir loben und preisen dich für alle,
bei denen wir uns aufgehoben wissen
und Geborgenheit finden.

Wir leben aus der Zuversicht,
dass du uns bei dir eine ewige Heimat bereitest.

Wir danken dir durch deinen Sohn,
Jesus Christus, unseren Herrn. Amen.

Liedruf: Confitemini Domino (S.110)

Bitte – Fürbitte:

V Herr, unser Gott, von Ewigkeit her hast du Maria erwählt, die Mutter deines Sohnes, Mutter Gottes, zu sein. Ihr hast du dein Kostbarstes anvertraut, bei ihr war dein Sohn aufgehoben. Auch uns ist Maria als Fürsprecherin, als Schwester im Glauben, als Mutter gegeben.
So dürfen wir zu ihr sagen:

V Mutter Jesu — A bitte für uns
V Mutter – allen zugeneigt
V Mutter von Generation zu Generation
V Mutter unserer Mütter
V Mutter jeder Sehnsucht
V Mutter aller Tränen
V Mutter der Gerechtigkeit
V Mutter der Armen
V Mutter der Menschheit

V Mutter des Erlösers
V Mutter der Kirche

V Hort des Erbarmens
A bei dir sind wir aufgehoben
V Wurzel der Zärtlichkeit
V stets Gegenwärtige
V Stimme des Lobes
V Blüte der Hoffnung
V Quelle der Stärke
V Herz aus Gold
V Arche der Heimatlosen
V Stern der Einsamen
V Trost der Hinterbliebenen
V Hilfe der Unschuldigen
V Zuflucht in Not

Lied: Maria, breit den Mantel aus (GL 595,1+2)

Segensgebet:
Gott, der Ursprung und Vollender aller Dinge, segne euch, gebe euch Glück und Gedeihen und Frucht eurer Mühe.
Er behüte euch, sei euch Schutz in Gefahr und Zuflucht in Angst.

Er lasse leuchten sein Angesicht über euch, wie die Sonne die Erde wärmt und Freude gibt allem Lebendigen.
Er sei euch gnädig. Er löse euch von allem Bösen und mache euch frei.
Er sehe euch freundlich an. Er sehe euer Leid und heile und tröste euch.
Er gebe euch Frieden, das Wohl des Leibes und das Heil der Seele.
So segne euch Gott, der Vater, der Sohn und der Heilige Geist. Amen.

Schlusslied: Maria, breit den Mantel aus (GL 595, 3+4; KG 763)

Sr. Maria Veronika Mang

Liedanhang

Ave Maria, du bist voll der Gnade

2. Du bist der Acker, der den Schatz verbirgt:
du, ein Kerze, die brennend selber stirbt.
Du bist die Brücke, auf der die Liebe kommt.
Du bist das Zelt, in dem die Allmacht wohnt.

3. Du bist ein Strahl, der das Licht uns bringt.
Du bist ein Ton, in dem sein Wort uns klingt.
Du bist die Frau, auf die der Geist sich senkt.
Du bist die Mutter, die das Kind uns schenkt.

T u. M: © Bernhard Bossert

Confitemini Domino

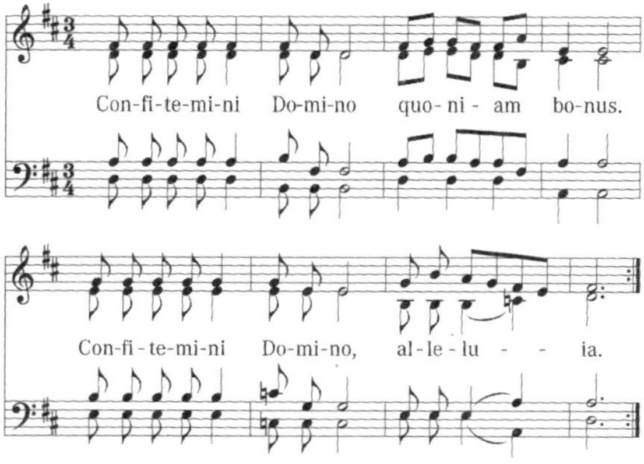

Musik: Jacques Berthier (1923-1994)
© Ateliers et Presses de Taizé, 71250 Taizé-Communauté, Frankreich

Erhebt in vollen Chören

2. Du bist's, die Gott erkoren
zum Heil in Israel:
du bist's , die uns geboren
den Gott Immanuel.
Heilige Maria …

3. Hilf uns in allen Leiden,
schütz uns in Angst und Not;
erbitte, wann wir scheiden,
uns einen selgen Tod.
Heilige Maria …

T: Clemens und Hoogen, Düsseldorf 1798
M: nach Martin von Cochem 1733

Groß sein lässt meine Seele den Herrn

2. Denn der Starke hat Gewaltiges an mir getan,
und sein Name leuchtet auf in herrlichem Glanz.
Er gießt sein Erbarmen aus durch alle Erdenzeit
über jeden, der im Herzen Vater ihn nennt.

3. Große Taten führt er aus mit seinem starken Arm. Menschen voller Stolz und Hochmut treibt er davon. Die die Macht missbrauchen , stürzt er hart von ihrem Thron und erhebt, die niedrig sind und arm in der Welt.

4. Hungernde lässt er zum Mahle an seinen Tisch, doch mit leeren Händen schickt er Reiche nach Haus. Seines Volkes Israel nimmt er sich gütig an, wie er Abraham und allen Vätern verhieß.

5. Ehre sei dem Vater, der uns einlädt in sein Reich.
Ehre sei dem Sohne, der die Liebe uns zeigt.
Ehre sei dem Geiste, der die Einheit uns verleiht,
wie im Anfang so auch jetzt und für alle Zeit.

Halleluja / Gruß dir

1. Gruß dir, du spiegelst Gerechtigkeit in dir.
Gruß dir, du Sitz aller Weisheit,
Kelch, den Gott selber mit seinem Geist gefüllt,
kostbarer Kelch, uns gegeben.
Halleluja …

2. Gruß dir, du Rose, geheimnisvoll und schön.
Gruß dir, du starker Turm Davids,
Turm, der aus leuchtendem Elfenbein gebaut,
goldenes Haus, uns gegeben.
Halleluja …

3. Gruß dir, du Lade des Bundes mit dem Volk,
Gruß dir, du Pforte des Himmels,
du gehst uns auf als der Morgenstern der Welt,
Zuflucht und Heil, uns gegeben.
Halleluja ...

4. Gruß Dir, Maria, du Knotenlöserin,
du bist uns Schwester im Glauben.
Schenke uns Mut und gib neue Hoffnung uns,
zeige uns heilende Wege!
Halleluja ...

Mädchen, du, in Israel

2. Du vertrautest auf das Wort,
das Gott einst gesprochen,
das Propheten sagen ließ:
Neu wird diese Erde.

3. Was nie zu erwarten war,
hast du uns gegeben,
der dein Ein und Alles war,
wurde aller Bruder.

4.Richte nun auch unsern Blick
auf das Heil der Erde,
dass wir leben so wie er,
offen füreinander.

T: Diethard Zils; M: Albe Vidakovic

Maria, Maienkönigin

2. Maria, dir befehlen wir, was grünt und blüht auf Erden,
o lass es eine Himmelszier in Gottes Garten werden,
o lass es eine Himmelszier in Gottes Garten werden.

3. Den Seelen, die im Zeitenstrom von Finsternis umfangen,
bau eine Brücke, einen Dom, dass sie zum Licht gelangen,
bau eine Brücke, einen Dom, dass sie zum Licht gelangen.

4.Und lass mit Lerch und Nachtigall auf Davids Turm uns schwingen
und mit der Freude höchstem Schall dir Marienlieder singen,
und mit der Freude höchstem Schall dir Marienlieder singen.

T u. M: überliefert

Mutter Gottes, wir rufen zu dir

V/A Mutter Gottes, wir rufen zu dir!

V Dich loben die Chöre der Engel,

A Maria, wir rufen zu dir!

V Dich loben die Heiligen Gottes,
Dich loben die seligen Scharen,
Dich lobet die heilige Kirche,
Dich loben die Menschen auf Erden,

A Mutter Gottes wir rufen zu dir!

V Du bist ja die Mutter der Gnade,
Der Sitz aller göttlichen Weisheit,
Die Mutter des ewigen Rates,
Die Mutter der göttlichen Stärke,

Die Mutter der schönen Liebe,

A Mutter Gottes, wir rufen zu dir!

V Du bist ja die Herrin der Himmel,
Die Krone aller Jungfrauen,
Die Königin aller Bekenner,
Der Märtyrer himmlische Fürstin,
Die Mutter der heil´gen Apostel,

A Mutter Gottes, wir rufen zu dir!

V Du bist ja der Seligen Freude,
Du bist das Lob der Getreuen,
Die Hilfe der sieghaften Streiter,
Die Ehre aller Gerechten,
die Liebe der Boten des Friedens,

A Mutter Gottes, wir rufen zu dir!

V Du Reis aus der Wurzel Jesse,
Du Temple des Heiligen Geistes,
Du Arche des Neuen Bundes,
Du Pforte des himmlischen Reiches,
Du Spiegel der heiligen Kirche,

A Mutter Gottes, wir rufen zu dir!

V Du bist ja die Zuflucht der Sünder,
Die Trösterin in der Betrübnis,
Die Hilfe des Volkes Gottes,
Die Ursache unserer Freude,
Die Mutter aller Erlösten,

A Mutter Gottes, wir rufen zu dir!

V Wir beten gemeinsam zu Maria, der Mutter aller Völker, der Mutter der Barmherzigkeit:

A Hilf, Maria, es ist Zeit,
hilf, Mutter der Barmherzigkeit.
Du bist mächtig, uns aus Nöten
und Gefahren zu erretten;
denn wo Menschenhilf gebricht,
mangelt doch die dein nicht.
Nein, du kannst das heiße Flehen
deiner Kinder nicht verschmähen.
Zeige, dass du Mutter bist,
wo die Not am größten ist.
Hilf, Maria, es ist Zeit,
hilf, Mutter der Barmherzigkeit.

M: volkstümlich/aus Grüssau (frei)
T: Thurmair, Maria Luise, © Verlag Herder, Freiburg

Sancta Maria

Abdruckrechte – Musik und Text: Ludger Edelkötter

Wind kannst du nicht sehen

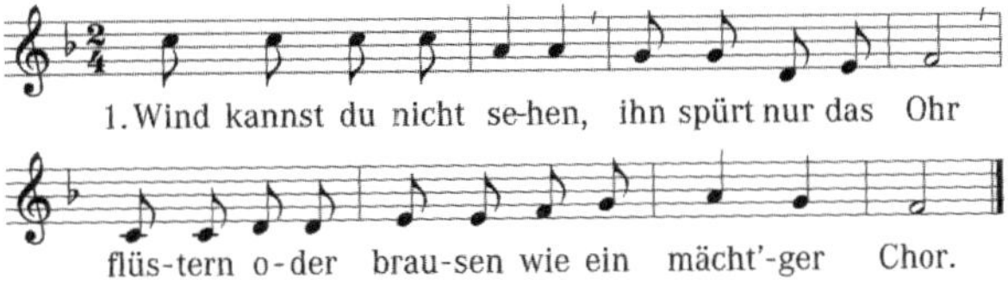

2. Geist kannst du nicht sehen;
doch hör, wie er spricht tief im Herzen
Worte voller Trost und Licht.

3. Wind kannst du nicht sehen,
aber, was er tut: Felder wogen,
Wellen wandern in der Flut.

4.Geist kannst du nicht sehen;
doch wo er will sein, weicht die Angst
und strömt die Freude mächtig ein.

5.Hergesandt aus Welten,
die noch niemand sah, kommt der Geist zu uns
und Gott ist selber da.

T: Markus Jenny 1983/1991,
M: Erhardt Wikfeldt 1958

Wunderschön prächtige

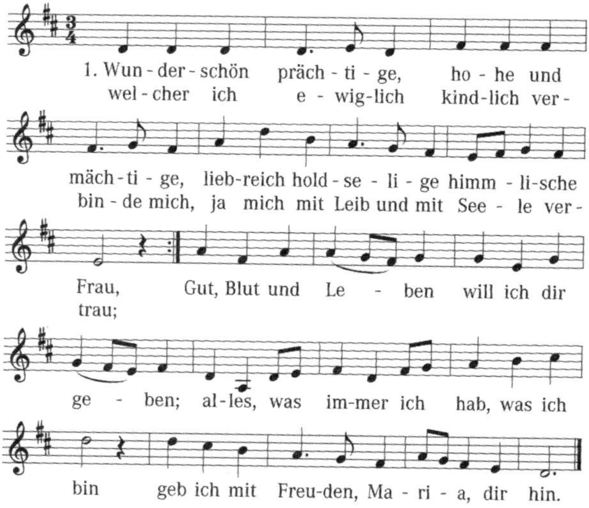

2. Sonnenumglänzete, Sternenumkränzete,
Leuchte du Trost auf der nächtlichen Fahrt!
Vor dem verderblichen Makel der Sterblichen
hat dich die Allmacht des Vaters bewahrt.
Selige Pforte warst du dem Worte,
als es vom Throne der ewigen Macht
Gnade und Rettung den Menschen gebracht.

3. Schuldlos Geborene, einzig Erkorene,
du Gottes Tochter und Mutter und Braut,
die aus der Reinen Schar Reinste wie keine war,
die selbst der Herr sich zum Tempel gebaut!
Du Makellose, himmlische Rose,
Krone der Erde, der himmlischen Zier;
Himmel und Erde, sie huldigen dir!

4.Du bist die Helferin, du bist die Retterin,
Fürstin des Himmels und Mutter des Herrn!
Spiegel der Heiligkeit, Stärke der Christenheit,
Arche des Bundes, hellleuchtender Stern!
Liebreich dich wende, Frieden uns sende,
Mutter, ach wende die Augen uns zu,
lehr uns in Demut zu wandeln wie du!

T: Kard. v. Geissel 1835 / H. Bone 1847 (nach älteren Vorbildern)
M: nach Einsiedeln 1773

Quellenverzeichnis:

S. 8-10:	Benedikta Hintersberger OP , Maria, Schwester im Glauben; aus: Aurelia Spendel, Auf dem Weg des Lebens. Mit heiligen Frauen durch das Jahr, © Schwabenverlag, Ostfildern 2002, S. 90;
S. 69-74:	Silja Walter: Aus der Schrift spricht Gott zu dir; S.59/60: Silja Walter, Gepriesen bist du, Maria, aus: Silja Walter, Gesamtausgabe,S. 357, S. 360; Band 8 © Paulusverlag Freiburg Schweiz 2003;
S. 43/44:	Theresia Hauser, Lass unser Leben reifen; aus: Worte heute, ©Verlag der action 365
S. 45/56:	Wilhelm Willms, Spielregel, aus: Wilhelm Willms: alle nächte werden hell, © Butzon & Bercker Verlag, S.52;
S. 46/47:	Katja Süß, Wegsegen, aus: Martin Schmeisser (Hg.), Gesegnetes Leben. Segensworte für den Tag, das Jahr und den Weg des Lebens, © Verlag am Eschbach der Schwabenverlag AG, Eschbach/Markgräflerland, 5.Aufl. 2004;
S. 85-90:	Willi Hoffsümmer, Der Herr ist mit dir, aus: Ders.: Maria zu loben. Das große Werkbuch für Gottesdienst und Gemeinde © Matthias –Grünewald-Verlag der Schwabenverlag AG Ostfildern 2007;
Bibeltexte:	Einheitsübersetzung der heiligen Schrift © Katholische Bibelanstalt, Stuttgart

Bildnachweis:

S. 9: Das Bild befindet sich in der Augsburger Kirche St. Peter am Perlach. Alle Rechte am Bild beim Bürgerverein St. Peter am Perlach e.V., Am hinteren Perlachberg 1a, 86150 Augsburg. Unter der Tel.-Nr. 0821/153121 werden auch Postkartenbestellungen entgegengenommen.

S. 102: © Kongregation der Franziskanerinnen von Bonlanden, Sr. Maria Veronika Mang